死を力に。

山本時嗣
TOKIOMI YAMAMOTO

光文社

この本は、

「死の恐怖」から解放されて

「死を力に」変えることで

「絶対幸福」を手に入れる本です。

はじめに

大切な人の死には人生を変えてくれる力がある

あなたは、大切な人を亡くした経験がありますか？
最愛の人や人生の師を亡くしたことで「死」による苦しみを体験されたことがありますか？

この世に生きている人間は誰しも、**「生と死」**を体験します。

どんなにお金を稼いだ億万長者であろうと、どんなに社会的に貢献した人であろうと、どれだけ周りから愛された人であろうと、誰からも嫌われて孤独で不幸な人であろうと、犯罪者であろうと、誰もが平等にお母さんのお腹から赤ちゃんとして生まれ、

最後は死を迎えます。

みんなが同じように死を経験するのに、どうも死に対してネガティブな印象があり、死について大声で語るのは避けたほうがよいと思われています。「悲しい」「怖い」などマイナスなエネルギーを感じる人が多くいるように思うのです。

あなたは、どうですか？

僕も大切な人や人生の師を亡くした経験があります。

その中で一番大きな死は、まさに青天の霹靂《へきれき》。なんの心構えもない状態で起きました。当時22歳で社会人1年目だった僕は、突然、大好きで尊敬する父親の自死と向き合うことになったのです。

詳しくは第2章でお話ししますが、残された僕たち家族にとって親父の死は衝撃以外のなにものでもありませんでした。簡単には受け入れることができず、感情をうまく消化できないまま**ドン底の日々を過ごしました**。

仕事もお金もパートナーシップも人間関係もうまくいかない中、暗中模索して、必死に「死」と向き合っていた20代。

あれから二十数年。

人生の師匠となる竹《たけ》田《だ》和《わ》平《へい》さん（日本一の個人投資家。「平成の花《はな》咲《さ》か爺《じい》」と呼ばれていた）と出逢い、事業を興《おこ》し、目に見えない世界についても探究し、作家プロデューサーとしてスピリチュアルな方や、実業家、医師、科学者、体の専門家など、魅力と才能にあふれた作家たちとお仕事をしてきました。

そんな中で、自分なりに**20年以上、死についての研究を進め**、理解と実体験を深めていった結果、ある結論に至ったのです。

それは、**人は死んでも意識は残る**ということ。

また、大切な人の**死は、強く生きる力に変えることができる**ということ。

そして、亡くなった人は、残される側の人たちにたった一つの**「願い」**を遺《のこ》していること。

その願いとは、**あなたが幸せであること**です。

もちろん、愛する人たちを残して先にこの世を去ることについては、悔いや悲しみなどの想いもあったことでしょう。不慮の事故や天災、人災、病気による急死などで、言葉も何も遺せずにお別れせざるをえなかったかもしれません。

それでも、故人は、最終的には残された人の幸せだけを願ってこの世を去っています。

彼らの願いを叶《かな》えるためにも、今、生きている僕たちは、何がどうあっても**必ず幸せにならなければいけない**と僕は思うのです。

そう、何がどうあっても。

＊

スピリチュアルの世界では、僕たちは生まれてくる前から「死の時」を自ら決めているといいます。しかし、それがいつなのか、どのように死を迎えるのか、誰もわかりません。

極端な話、どんなに健康であっても、なんらかの理由ですぐに死んでしまう可能性だってあるわけです。

たとえ命の火が消えたとしても、後に残る大切な人たちが、未来を幸せに生きてくれたら。そして、元気なうちから**「幸せな死の準備」**ができるとしたら。残された人が、大切な人の死を、人生をより良い方向に向かうためのエネルギーに変えることができたとしたら。

きっと、**「死」に対するネガティブな印象が変わる**かもしれない。

そんな想いから、本書をしたためました。

章末のエピソードには、5人の友人の実話も収録しました。5人とも今それぞれの分野で大活躍されていますが、彼らはみな「死を生きる力」に変えてきたのです。

「死を生きる力」にするために、どうすればいいのか？

その具体的な方法やエピソードを**後半になるほどに**まとめています。ぜひ最後まで楽しみに読んでいただけると嬉しいです。

本書を通して、「死」を力に変え、あなたの人生が最高に幸せなものになりますように。

令和5年文月

山本　時嗣《ときおみ》

目次

第4章

死んだらどうなるのか

第7章 死を生きる力に

第1章

大切な故人からのメッセージ

死に宿るメッセージ

あなたはこれまでの人生において、**「死」と正面から向き合ったこと**がありますか？

人生の年数が増えるごとに、家族や友人知人、またはペットが亡くなるなどして、身近に「死」を感じる経験が多くなっていくかもしれません。

特に、つい昨日まで隣で一緒に過ごしていた最愛の人や大切な人を突然喪《うしな》うという経験は、**僕たちの人生に大きな影響を与える**ものです。

僕の場合、死と向き合うきっかけになったのは、親父の死でした。20年以上も前のことですが、そこから長い月日をかけて、やっと自分なりに死を理解し、昇華できたと思っていました。

でも、**死を探究するパズルの最後のピース**はまだ残っていたのです。

2019年に、僕の作家仲間で占い師のかげした真由子《まゆこ》さんに、僕と一緒に企画した「命日占い」のモニターとして、親父が僕に伝えたいことはなかったのかどうか、占ってもらいました。親父は家族に遺書を遺さず、遺言も何もなく逝《い》ってしまったからです。

占いの鑑定結果を読んだ僕は、カフェにいたにもかかわらず、涙が止まらなくなりました。

そこには、親父が僕に安心して任せられるという完全なる信頼をもってこの世を去ったこと、そして自分に代わる人生の師（メンター）と僕が出逢えるように親父がずっと見守ってくれていることが記されていました。

「親父は僕を信頼してくれていたのか！　師匠と出逢えるように親父が導いてくれていただなんて……」

その瞬間、**僕の魂がバンッ！と大きく開いた**のがはっきりわかりました。涙を流しながらも、体の奥底からものすごく大きなエネルギーが湧《わ》き上がるのを感じたのです。

死を乗り越えるために必要な学びは頭ではもう終わったと思っていたけれど、無意識レベルで残っていた最後の1ピースが、命日占いで親父から**メッセージを受けとること**だったのです。

そのときまで、親父がどんな想いで逝ったのか、確《かく》たることはわかっていませんでした。

だからこそ、親父の想いを20年かかって理解できたとき、僕の魂にずっと残っていたシコリがやっと取れたような感覚がありました。

「ふだんあまり泣くことがない僕が号泣するほど感動してパワフルに生きるパワーを得られた。これは、僕だけでなく同じように苦しむ人たちにも役立つものになる！」

完全に自分事ですが、その翌日、魂から湧き上がるものすごいエネルギーを保ったまま、勢いに乗って出版社に命日占いのプレゼンをしに行きました。

編集の方にはタイトル案だけ事前に伝えてアポを取っていたのですが、実際お会い

すると開口一番、

「驚かれるかもしれませんが……**実は、もう企画を通しました**」

とのこと。

プレゼンするまでもなく、奇跡的にタイトルだけで出版を決めていただけたのです。

そうして出版されたのが『命日占い』（かげした真由子著、サンマーク出版）。**大切な人の命日から、残された人へのメッセージを読み解く**という新しい占い方法を綴《つづ》ったこの本は、シリーズ累計10万部を超えるベストセラーになりました（かげした真由子さんに「死を力に」エピソードを語っていただきました。28ページからどうぞ）。

亡くなった人は残された人の幸せを願っている

なぜ、『命日占い』が10万部を超えるほどのベストセラーになったのか。

それは、かつての僕と同じように、**愛する人、大切な人ともう一度つながりたい、故人の想いを知りたい、受け止めたい**という人がとても多いからなのだと思います。

それだけ、大切な人の死というのは、残された側の人にとって大きな影響があるのです。

大切な人の死が、人生に暗い影を落とす経験になるのか、それとも大きな光へと転換することができるのか。

そのカギとなるのが、**死を力にできるかどうか**、です。

「死を力にする」とは、「死を乗り越える」というのとは、少し違います。

大切な人がこの世を去ったという現実を受け止めて進んでいこうとする姿勢が、死を乗り越えるということ。

一方、死を力にするとは、ひと言でいうと、**故人の「志」や「願い」を力強く生きるためのエネルギー源にする**ということです。

「志」とは、一生かかってでも、たとえ志半ばでこの世を去ったとしても、後の世で成し遂げたいと願っていること。

亡くなった人たちは、残された側に、どんな想いを抱いて亡くなったのか。どんなことを願って亡くなったのか。

そこに想いを馳《は》せることで、亡くなった人たちの「志」や「願い」に触れることができます。

故人の「志」や「願い」について探究してわかったことは、**亡くなった人たちに対して、残された僕たちがいつまでも悲しみの状態にいるのは良くない**ということです。

なぜなら、亡くなった人たちは全員、どんなふうに亡くなったとしても、残された僕たちの**幸せを願っている**からです。

幸せに生きることは「義務」

どんなに非業《ひごう》の死だったとしても、予想だにしなかった突然死だったとしても、亡くなった人たちは残された僕たちの幸せを願って逝った……。

そう聞いて、今あなたの心の中に浮かぶ故人はいますか？

きっと、あなたのその大切な人も、あなたの幸せを願ってこの世を去ったのです。

そして、どんなに時間が経《た》っても、今なお、あなたの幸せを願い続けているのです。

だからこそ、僕たちは**幸せに生きなければいけない。幸せに生きることは「義務」**だとさえ思います。あなたの大切な人、大好きな人がどんなときもそう願ってくれているのですから。

もしかしたら、生前はケンカばかりで仲違《なかたが》いしたままお別れした人もいるかもしれません。関係が良くなかったとしても、実はその故人もあなたの幸せを願い続けてくれているのです。

僕たちが幸せに生きるには、夢や目標を達成するとか、好きなことをして生きていくなど、一人ひとりいくつも幸せになる条件、選択肢が挙げられると思います。

でも「死」と向き合うと、自分にとって本当の幸せとはなんなのか、どう生き切ることが幸せだと思えるのかが、自然と見えてくるのです。

僕たちが人生を幸せに生きるために、**大切な人が遺した「志」や「願い」を継いで生きる**ことは、大きな力になります。

なぜなら、あなたの大切な故人が、「志」を継いでくれたことを喜んで、あなたが幸せになるためにものすごく応援してくれるからです。

これこそが死を力に変える、究極の方法なのです。

実際僕も、親父や人生の師と仰ぐ竹田和平さんをはじめとする、亡くなった大切な人たちの志を継ぐ！と決めたときから、ものすごい応援が入るようになりました。

たとえば、神社にお参りに行くたびバッタリ知人友人に遭遇して、とても良いお仕事につながったり、親父の命日月である8月に僕がプロデュースする本の出版が8冊も決まったり……。

一見すると、ただ運が良かっただけに思えるかもしれませんが、実は故人の志を継いで、明らかに死を力に変えることができたからこそ実現できたことなのです。

このように、大切な人の死を力に変えていくと、「奇跡」とも思える出来事が相次いだり、本来の自分の力を存分に発揮できたりと、人生がどんどん好転していくのです。

episode 1

かげした真由子《まゆこ》さん

命日ホロスコープ占い師・心理セラピスト。2008年より占い師・セラピストとして独立。現在までの鑑定数はのべ1万5000件。現状を変化させ未来を切り拓くセッションが評判を呼ぶ。占い業界の現状を客観的にリサーチし、心理学や死生観からのアプローチで占いの可能性を拓き続けている。2020年刊の『命日占い』はシリーズ累計10万部のベストセラーに。

亡くなった大切な人は、自分の一部として生き続ける

なぜ生きるのだろう。なぜ死ぬのが怖いのだろう。

そんな死生観を追いかけながら、心理セラピーや占いの世界へ飛び込みました。

始めた当初、占いなのに寄せられる相談は「死にたい」という〝いのちの電話〟状

態。私自身は「生きたいし死ぬのが怖い」という思いが強かったので、こんなにも死にたいと思っている人が多いことに衝撃を受けました。

しかし同時に、こう気づいたのです。

「私は逆に『生きたい』と思っているけれど、『死にたい』という人たちと生死に対してこだわりをもっているのは一緒だ！」

死にたい人と表面的な悩みは違ったとしても、私も過剰なまでに生死へのこだわりをもっていることに気づきました。だからこそ、生きづらさをどこかで感じていたのです。

私が生死へのこだわりをもつようになったきっかけは、7歳の頃。姉のように慕っていた従姉妹《いとこ》の姉妹を、ピアノ教室の火事で2人同時に亡くしたことです。中学1年生と小学5年生でした。

まだ小学2年生で「死」がよく理解できなかった私は、大好きなお姉ちゃんたちがいなくなってしまったことへの悲しみや寂しさはもちろんありましたが、驚きやショックのほうが大きかったのを覚えています。姉妹の両親（私からすると叔父叔母）や祖父母が悲嘆にくれる姿に心が痛んだのです。

結論から言うと、**本当の意味で「死」を受け止めるのに40年以上かかりました**。

7歳当時は、事実として「死」を受け入れはしましたが、死んだらどうなるのか、なによりもなんであんなに素敵なお姉ちゃんたちが死んでしまったのか、意味がわからなかったのです。

周りの大人たちやお坊さんたちが法事に来られるたびに、死への疑問をぶつける私。でも、誰も納得する答えをくれません。

あるとき、「お姉ちゃんたちは素晴らしい子だったから、仏さんのそばに行ったんだよ」とお坊さんに言われたことで、新たな疑問が湧いてきます。

「素晴らしい人はさらわれるの？　私はお姉ちゃんたちと違ってやんちゃな子だから取り残されたの？」

自分が生きていることへの罪悪感が芽生えた瞬間です。

ただ一人、高齢の住職さんだけは死への疑問に対し、「それはな〜ワシもわからんわ」と答えてくれました。このときが一番癒されたのを覚えています。

「こんな偉い人でもわかんないなら、わかんなくていいんだ」

〝わからなくていい〟ということに納得した私は、死を自分の奥深くに封印したのです。


次に死を意識したのは、１９９５年1月17日に起きた阪神・淡路大震災。当時、社会人1年目で神戸のアパートで一人暮らしをしていたのですが、揺れる天井を見て「死」を感じました。

「まだ生命保険にも入ってないし、両親に何も遺さず去っていくんやなぁ」

意外にも冷静に、一瞬の間にいろいろな考えが頭をよぎったものです。

とはいえ、アパートは全壊でしたが怪我ひとつなく生き残った私は、再度**「人はなぜ死ぬの？　なんのために生きているの？」**という問いが湧いてきました。

それをきっかけに、死に対しての恐怖がふたたび表に出てくるようになったのです。

従姉妹が亡くなったことで実は芽生えていたそれが、ブワ〜ッと吹き出すようになりました。まるで恐怖症のように。

その現れとして、本来は好奇心旺盛で旅好きなのに、飛行機に乗ることができなくなりました。いわゆる「飛行機恐怖症」や「高所恐怖症」ではないのですが、死へのリスクを徹底して避けたいという潜在的な思いがあることに気づきました。

そこには「死ぬのが怖い」だけでなく、「人はすぐに死ぬ」という思い込みもあったのです。

それから、息子を授かる際にも、それが吹き出すことになります。


結婚後、そろそろ子どもがほしいなと思っていたのですが、5年経ってもなかなかできず、半ば諦めかけていました。その頃すでに心理学の勉強を始めていた私は、こう気づきます。

「子どもを授かることと死を受け入れることはセットだ」と。

子どもを失った叔父叔母の悲しみにくれる姿が目に焼きついていた私は、従姉妹の死を受け止めきれず封印していたわけですから、それでは妊娠できないなと腑《ふ》に落ちたんです。

その後、子どもは諦めて犬を飼い始めた翌月に妊娠。動物という生命を迎えることが、私にとっては死を受け入れることでもあったのでしょう。実際に息子が生まれてからは、育児を通して**「人には生きる力がある」**と実感できたことで、ちょっとずつ死への怖れと向き合うことができるようになっていきました。


生死と向き合ってきたからこそ、死生観をテーマに占いをしてきましたが、時嗣さんから『命日占い』のご縁をいただいたことで、執筆に伴い、数百人の方の鑑定をさせていただきました。もちろん、私自身もです。

大好きだった従姉妹のお姉ちゃんたちとの命日占いを通して、いかに彼女たちと何十年間も一緒に生きてきたかに気づくことができました。

姉は作文がとても得意、妹は絵が上手だったので、何か表現をする際は「ここ、どうやって表現したらいいかな？」と、いつも当たり前のように従姉妹に問いかけてきました。『命日占い』の執筆もしかり。

2人が私の一部となり、ともに成長して大人になり、ともに人生を歩んでくれている。私にとって、いつも近くにいて助けてくれる存在です。

大切な人との別れはとても悲しいことです。この悲しみとの向き合い方は人それぞれです。ただ悲しいから故人のことを思い出さない、語らないことは、自分を否定することにもなります。なぜなら、大切な人であればあるほど、故人はあなたの一部だからです。

故人のことを思い出して語ることは、残された側の生きる力になり、同時に自分のアイデンティティを取り戻すことにもなるのです。

亡くなった人の死を無駄にせず活かすことができるかどうかは、生きている私たちにかかっていると信じています。

第2章
死と隣り合わせだった人生

死が身近にあった子ども時代

僕が死と向き合うきっかけになったのが、親父の死だったことは先述しましたが、この章では、その経験を含む僕のことについてお話しさせてください。

実は親父の死よりも前に、僕の人生には生まれて間もない頃から死が身近にあったのです。

生後半年頃からひどい喘息《ぜんそく》を患《わずら》うようになった僕は、物心がつくようになると、

「呼吸が止まったらどうしよう」

と、**死への恐怖を漠然と抱くように**なりました。

実際に、喘息で死にそうになった体験は何度もあります。

成長しても治るどころか、悪化するばかり。中学生になると長期入院が必要になり、中学1年の夏から1年半は、病院の敷地内にある特別支援学校（養護学校）へ通うことになりました。

養護学校では友だちがたくさんできました。

小学生から中学生まで同じ学校に通う、年齢も病状もさまざまな学友たち。僕よりもひどい喘息持ちや、高山病や重度のアトピー、心臓病など、まさに**死と隣り合わせの状態で過ごしている友人がたくさんいた**のです。

そして、卒業して高校生になる頃には、学友が亡くなったという報せが何人も飛び込んでくるようになりました。

「あのときは元気だったのに……」

葬式に参列しながら、死について考えさせられることが続いたのです。

僕自身は、幸いにも喘息が完治したので、養護学校を卒業してからは、元気な高校生活を送れるようになりました。そして、亡くなった学友たちのことを思うと、**生きているということだけで感謝**だなと自然と感じるようになっていました。

今まで、ただ耳にしていただけの明石家さんまさんの名言「**生きてるだけで丸儲**

け」を、心から実感するようになったのです。

手首に包丁を当てたとき……

すっかり元気な体になった僕は、福島大学に進学。コンパに遊びにと忙しい学生生活を送っていました。

そんな僕に、自らの死を考える出来事が起きます。

19歳だった大学2年生のとき、当時お付き合いしていた彼女との間に子どもができてしまったのです。

彼女からそのことを聞いた僕は、頭の中が真っ白になってしまいました。

「え⁉　どうしよう、どうしたらいい？　情けない……。こ、こわい。まだ学生だし、お金もない。結婚？　責任をとる？　責任をとれるのか、オレ？　本当にバカだ、オレ。どうしようもない、彼女に申し訳ない。どうしたらいいのかわからない……」

ガクガクブルブル……。全身が震えました。

結局、僕と彼女は双方の親に相談をすることにしました。

その結果、子どもを堕《お》ろすことになり、僕は僕の両親と一緒に彼女のご両親に土下座をして謝りました。

彼女にもご両親にも、僕の両親にも多大な迷惑をかけてしまったことへの申し訳ない気持ちと同時に、僕に重くのしかかってきたのは、**一人の命を奪ってしまったことへのとてつもなく強い罪悪感**でした。

「僕が赤ちゃんの命を奪ってしまったのではないか。人を殺してしまったのではないか」

僕は罪の意識に苛《さいな》まれたあげく、自ら命を絶とうとしました。死の重みに耐えきれなくなってしまったのです。

それは、**人生で初めての絶望**を感じた出来事でした。

一人暮らしをしていたアパートで、包丁を手にした僕は、左手首を切ろうと決意します。しかし、手首に包丁を当てたとたん、そのまま気を失ってしまったのです。

きっと、その数日間は憔悴《しょうすい》しきっていたので、気力も体力も限界だったのでしょう。はっ！と目が覚めると、次の日の朝を迎えていました。

「死ねなかった……」

相変わらず絶望の只中《ただなか》にいましたが、なんとか部屋の外に出てポストを見ると、月刊誌『THE21』（ＰＨＰ研究所）が届いていました。

当時の僕はビジネスマン向けの情報雑誌を定期購読していたのです。

開封すると、表紙の**〝生きがいの創造〟**という大きな文字が、僕の目にバン！と飛び込んできました。

「死のうとしている人間に〝生きがい〟って……」

なんの皮肉かと思ったのですが、ちょっと気になったので雑誌をパラパラめくってみることに。

その号には、当時すでに大ベストセラーになっていた『生きがいの創造』（１９９６年初版／ＰＨＰ研究所）の著者である飯田史彦《いいだふみひこ》さんと、船井総合研究所の創業者で経営コンサルタントの船井幸雄《ふないゆきお》さんとの対談記事が掲載されていました。

しかも、飯田先生は、僕が通っている福島大学の経済学部の助教授をされていたのです。学部が違ったので、先生のことは存じ上げなかったのですが、なんという奇跡の偶然なんだ！と感じて、これは読むべきだと思い、同書を即日購入。

実際に読んでみると、なんとその内容は**「生まれ変わり論」**でした。

雑誌の懸賞が人生を変える

生まれ変わりが本当にあるとしたら、**人間は生まれる前に自分の人生のシナリオを決めてきている**らしい。

しかも、そのシナリオに沿っている場合はスムーズに人生が運ぶけれど、沿っていないときは何かしらの試練や厳しいことが起こる。それらはシナリオの軌道修正のために起きている。

それすら、**自分自身で仕組んできた**こと……。

僕は、とてつもない衝撃を受けました。経済学の先生が生まれ変わり論を研究していること自体が衝撃的だったわけですが、それ以上に解き明かされた内容に衝撃を受けたのです。

これが本当なら、僕が今どん底にあるのは、僕が生まれる前に設定した道と違う道を進んでいるから。そして、「そっちじゃないよ」と修正させるために自分で引き起こしたということ？

だとしたら、今は修正の途上にあるということで、ここでしっかり軌道を正しておかないと、あとでもっとしんどい試練がやってくるってことなのか⁉

自ら撒《ま》いた種とはいえ、僕は「これ以上キツイ思いをするのは絶対にイヤだ！」という気持ちがむくむくと湧いてきたのです。

なぜか、死ぬことができなかった今、とにかくネガティブな方向に行ってはダメなんだ！と理解しました。

「僕の魂が、**そっちに行っちゃダメだ！**と叫んでいるんだ」と、これは「試練」だと素直に受け止めることにしたのです。

それでも罪悪感が重たくのしかかったままでしたが、なんとかこの大きな試練を乗り越えようというスイッチが入った僕は、特集記事の最後に載っていた雑誌の懸賞に応募してみることにしました。

その懸賞は、当時船井幸雄さんが開催されていた「船井オープンワールド」という、何万人も参加する大きなイベントのチケットが当たるというもの。当選者は「３名」だけで、かなりの高倍率だったと思うのですが、なんと当選したのです！

そのイベントには、飯田先生の講演会もあったので、奇跡が起きた！　と興奮しました。「なんて都合のいい……」と思われるかもしれませんが、本当の話です。

当日のイベントは感動の連続でした。お目当ての飯田先生の講演はもちろんですが、『ネットワーク地球村』という地球環境や平和のためのＮＰＯの代表・高木善之《たかぎよしゆき》さんの講演を聞いて、人目をはばからず客席で大泣きしてしまったのです。

元松下電器（現・パナソニック）の科学者である高木さんは、交通事故により臨死体験をされた際に、未来世界を予知しました。そのとき環境問題が深刻化し、ひどい世の中になるのを目の当たりにしてしまったため、松下電器に対し、地球環境への積極的な取り組みを働きかけたといいます。

高木さんの講演を聞いた僕は、

「**環境問題は、人類が生き残るための課題**なのか。ということは、地球環境に貢献することは、**人類の命に貢献することになる**んだ！」

と、深く感銘を受けます。

子どもを堕ろしたことへの罪悪感で頭がいっぱいになっていた僕にとって、命の貢献につながる環境問題に取り組むことが、せめてもの罪滅ぼしになると思ったのです。

「環境」の「か」の字も頭になかった僕でしたが、すぐに学内に環境サークルを立ち上げました。飲み会で人を集めては、「環境問題の話を聞け！」と急に真面目なことを言い出したため、友だちは減りました。

とはいえ、**環境問題への取り組みを生きがいにする**ことで、なんとか前向きに生きられるようになっていったのです。

親父の突然の死、そして6億円の借金

環境問題に目覚めた僕は、その勢いのままに環境ベンチャー企業に就職しました。

僕を入れて6人だけの少人数の会社で、僕は社内初の営業職に就《つ》いたのですが、その成績たるや散々なダメダメ営業マンでした。

社会人1年目の夏、1999年8月12日。

自分の月給分の売上げも上げられず、落ち込み気味な僕のもとに、人生を急転落させるような報せが入ります。

親父が、自殺したのです。

親父は事業を興していましたが、債務超過の状態で、さらに投資詐欺に遭《あ》ったことがきっかけで資金繰りに苦しんでいました。しかし、家族全員、そのことはまったく知りませんでした。

自ら命を断つことにより、生命保険で借金返済できるよう、すべて計画したうえでの親父の決断だったのです。

母は訃報《ふほう》を聞くと、ショックのあまり本当に泡を吹いて倒れてしまいました。一夜で髪が全部白くなってしまったほどです。

母はそのまま寝込んでしまい、妹はまだ小学6年生。当時22歳だった長男の僕が喪主を務めることになったのですが、大好きだった親父の突然の死、それも自殺という現実に混乱し、葬儀の準備など現場のことは叔父に任せきりでした。葬儀の最中、僕は親父の遺影を抱え、途方に暮れている状態。感情がどこかおかしくなってしまっていたのでしょう、涙のひと粒も出てこなかったのを覚えています。

そんな僕たちに**遺されたのは、6億円もの借金**でした。

「志」を継いだ結果、売上げが倍々に

そこに追い打ちをかけるように、養護学校時代に仲の良かった友人が、親父が亡くなったのと同じ8月に交通事故でこの世を去ります。

彼も病弱な子ども時代を過ごし、やっと元気になって20代を迎えたばかり。それなのに、事故で命を喪うなんて……。

親父の死だけでもかなり参っていましたが、友人の突然の死がそこに重なったことで、

「こんなにも**死と向き合わされる運命って**なんなのだろうか」

と、いやでも考えざるを得ませんでした。

ぜんぜん売上げを上げることができず、このままではクビにされかねない状況にありながら、僕は仕事どころではない精神状態に陥ります。そんな僕を見かねて、社長が奈良県天川《てんかわ》村にある、天河《てんかわ》大《だい》辨《べん》財《ざい》天《てん》社《しゃ》まで連れて行ってくださいました。

親父の死と友だちの死、そして莫大な借金……と、完全に追い込まれていた僕でしたが、天河神社に参拝して自分の心と魂が癒されるのを感じたのです。

人間、**本当に限界に追い込まれると「やるしかない！」とスイッチが入ります**。いわゆる火事場のバカ力というやつです。

僕の場合は、天河神社に行って癒されたあと、スイッチがＯＮになりました。

「親父の借金が６億円。いつ生命保険が下りるのかわからない。しかも母は倒れているし、妹は中学生。

……僕が稼ぐしかない！」

営業が「好き、嫌い」「できる、できない」なんて言っている場合ではない。もう、やるっきゃない！

この瞬間《とき》、僕は親父の**「志」を継ぐ決意をした**のです。

もちろん、当時は故人が「志」を遺しているなんて知りませんでしたが、無意識のうちに僕は親父の「志」を継ぐことで、親父の死を力に変えていったのです。

その結果、１年目は売上げほぼゼロのダメダメ営業マンだった僕が、なんと翌年には3千万円、その翌年には1億円、その翌年は2億円と、年々倍の売上げを達成するまでになったのです。

生前、トップセールスマンだった親父が、まるで僕に乗り移ったかのようでした。文字通り革靴のかかとをすり減らしながら、がむしゃらに営業に回る日々。

気づけば僕もトップセールスマンになり、部下もできて、チームとして年商6億円を達成することができました。

親父の借金は、死後ほどなくして保険金で返済することができたのですが、親父以外は誰も借入先を正確に把握できていなかったので、いつどこから追加請求がくるかわからずビクビクしながら過ごしていました。

でも無事に借金を完済した年と、僕が年商6億円を達成した年が、奇跡的に同じでした。

親父の遺した借金の〝6億〟という数字を**プラスに転換**しようという思いがあったため、僕のチームがその額を達成できたとき、

「やっとできた！　……終わった」

という、なんとも言えない達成感に満たされたのです。

バーンアウトから死と向き合うまで

僕ががむしゃらに仕事をしていたのは、2000年代前半のこと。当時の日本では「環境問題なんて本当にあるの？」とまだまだ半信半疑の時代でしたから、営業で成果を出すほどに、「環境問題に取り組もう」という社会的ムードを醸成する一翼を担っている自負がありました。

ちょうどその時期、**地球温暖化防止計画のための文書『京都議定書』が発効**されます（2005年2月）。それが意味するのは、日本がリーダーシップをとって環境問題に取り組むと世界に宣言したということ。

環境ベンチャーのいち営業マンでしたが、これで日本も環境問題に真剣に取り組むという流れが完全にできたと感動したものです。

環境問題への達成感、借金完済の達成感、そして営業成績の達成感。

それまでは火事場のバカ力を発揮して、親父の死のショックを忘れてしまうほど、始発から終電まで仕事漬けの生活でしたが、ここに来てプツンと糸が切れてしまいます。

いわゆる**「バーンアウト（燃え尽き症候群）」**です。

何に対してもやる気がなくなってしまった僕は、結局、会社を辞めることにしました。働く目的も志も失ってしまったからです。

親父が亡くなってからは、親父と家族のため、そして地球環境のためにと、自分のことはすべて後回しで自己犠牲的な生き方をしていました。環境の仕事は大好きなことというより、罪悪感を乗り越えるために頑張ってきたこと。まだ20代でしたが、**自分の幸せや好きなことを楽しむ余裕はまったくありませんでした。**

そんな中で、営業成績を少しでも上げようと、ビジネス自己啓発本を読んだり、セミナーやワークショップに参加することは続けていました。特に、作家の本田《ほんだ》健《けん》さんから「自分も他人も全方位に幸せに成功する生き方」を学んだことは、自分にとって大きな意味がありました。

その生き方とは、

「自分の大好きなことを仕事にしていい。幸せになっていい」

ということ。

それを自分に許可した僕は、

「僕もこれからは本当に大好きなことを仕事にしていこう」

と、自分の本当の幸せを見つめ直すようにしたのです。

今振り返ってみると、本田健さんとの出逢いも、親父の陰ながらのサポートがきっとあったんだなと感謝しています。

こうして、自分の本当の幸せを見つめ直すとともに、この頃、「死」についても真剣に考えるようになりました。

幼い頃から死と隣り合わせだったり、自ら死を選ぼうとするほど絶望したり、親父の自死を経験したりしてものすごく大変だったけれど、今、なんとかかんとか生きている自分がいる。

「命があること」に、「生かされていること」に感謝して、人生を深く見つめ直すとともに、「死」と本格的に向き合い研究することを決めたのです。

当時の僕の死についての見解は、飯田先生の『生きがいの創造』や手塚治虫《てづかおさむ》の漫画『ブッダ』を読んで、なんとなく「死んだら人は生まれ変わるものなのかも」と思う程度でした。

飯田先生の著書には、生まれ変わりの「記憶」をもっている子どもたちについての研究結果が書かれていました。

「大好きな親父にまた会いたい。尊敬していた親父から、営業のこと、社会人の心得を教えてもらいたい。親父が蓄積してきた情報や知識や経験を教えてもらいたい」

そんな思いを捨て切れずにいた僕にとって、**生まれ変わっても「前世の記憶」がある**という情報に、かすかな希望を感じたのです。

もしそれが本当なら、死んでも意識や記憶は残るということなのか？

親父の意識や記憶はどこかに残っているのではないか？

一筋の光が見えた僕は、親父の死をきっかけにして、**「死んだらどうなるのか」**について の答えを自分なりに探究することにしました。

僕がたどり着いた死への探究結果は、第4章でじっくりお伝えしたいと思います。

死の探究を続けてきたこの20年もの間には、親父をはじめとする、亡くなった**大切な人たちの「志」と意識**をはっきりと感じる出来事を幾度となく体験してきました。

その都度、僕の「生きる力」になったことは間違いありません。

episode 2

福《ふく》家《や》友《ゆ》理《り》さん

コミュニティプロデューサー。2020年に夫が他界。突如3人の幼い子どものシングルマザーに。翌年1月、音声SNSの「Clubhouse」に取り組み、1カ月後にはたった1日でフォロワー1000名増加などClubhouseのシンデレラガールとして名が広まる。著名人の間でも話題となり、モデレーター依頼が殺到。活動開始からわずか半年でSNS総フォロワーは3万5000を超える。全世界のママを応援するために日々活動中。

「この運命を2人で決めてきたとしたら……」

「もうすぐ帰るよ」

そう電話で話したのが最後の会話でした。主人はその日、家に帰ることなく突然亡くなりました。2020年6月末のことです。

突如、６歳、５歳、３歳の３人のシングルマザーとなった私は、お葬式までの２日間は涙が止まらず、子どもたちにどう伝えたらよいのかわからずに過ごしました。

その後すぐに、職人として経営していた主人の事業に１４００万円の借金があることが発覚。周りの人からは、妻である私がもっとサポートしておくべきだったと詰め寄られ、まさに生き地獄のようでした。

お金の面で親戚との間に弁護士を立てて対処しようとするも、詐欺に遭い、金銭的にも精神的にもすべてを奪われるような体験もしました。ほかにも人間不信になるような出来事があり、主人を喪うだけでなく、人生が急転落する感覚を味わったのです。

どうやって生きていけばいいのだろう。その前に主人の借金を返済しなければ……。

そこで、以前から自分の中ではほのかな夢であった、ＹｏｕＴｕｂｅ配信をしてみようと思い立ちます。しかし発信するコンテンツがない状態だったので、収益化は見込めず続きませんでした。

ＳＮＳで人生を変えられる可能性はあるけれど、信念がなければ誰にも何も伝わらない。

そう気づき、諦めかけたのですが、**主人の死を無駄にはしたくない一心で、「今いる大切な人たちを大切にしよう」**という想いを発信することにしました。すると、徐々に共感してくれる人たちが増えていったのです。

2021年1月、Clubhouse配信に勝負をかけることにします。「これしかない」という気持ちとともに、「2カ月で人生を変えよう」という強い決意が生まれました。

1カ月が経ったとき、Clubhouse上で出逢った人たちと伊勢神宮へ行くことになりました。当時はまだ、人間関係も金銭面もボロボロの状態でしたが、神宮で手を合わせた瞬間、自分からではない言葉が勝手に口を突いて出てきたのです。

「私には失うものがありません。だからこそ私を遣ってください」

その日はたまたま満月。月明かりのもと、帰り道を歩いていたら転んでしまい、スマホが壊れてしまいました。そこに入っていた、主人との思い出の写真もなにもかも、すべて消えてしまったのです。

すごくショックだった反面、「ここから私は何かが変わるんだ！」という感覚が湧いてきたのを覚えています。

その翌日、とりあえず1時間だけ配信した回がバズり、なんと日本一の視聴数となったのです。

そこからは、接点などまったくなかった著名な方たちとつながることができ、オンラインサロンや出版など、多くの方に応援していただけるようになりました。

当時は1400万円の借金で苦しんでいましたが、3年弱でその倍の額のプロジェクトを動かせるようにもなり、規模感の違いにいまだ追いついていない自分がいます。

でも、私がこうして今を生きていられるのは、確実に主人の死があったからこそ。

死は怖いものではない。だって、人は絶対に死ぬのだから。

それが理解できたことで見栄《みえ》やプライドがなくなり、なんのために生きているのかを考え始めてから、一気に人生を変えることができたのです。

実は主人は、子どもが生まれて間もない頃から2、3年ごとに、自分の最期を予言するかのように「俺はこうやって死ぬから」と言っていたんです。「なんでそんなことを言うの?」とケンカしたこともありました。

しかし、その予言めいた言葉は現実となります。生前に言っていた通りの死に方で、この世を去ったのです。

これを主人の死後1カ月ほどして思い出したときに初めて、「あっ、あの人は決めてきたんだ」と、すとんと腑に落ちる感覚がありました。

「もしこの運命を2人で決めてきたとしたら……」

「2人で約束してきた使命があるとしたら……」

その続きのワードとして、私の中に湧き上がってきたのは、

「この命を使って何をするか」

でした。

主人が亡くなってすぐは、「私の人生はこんなはずじゃない」という被害者意識が前面にありました。33歳で真っ黒な喪服を着て霊柩車《れいきゅうしゃ》に乗っているなんて……こん

なはずじゃない、と。

でも、もし主人が死を決めてきたとしたら、私もこの先どう生きるのかを決めてきているはず。それはきっと2人で決めてきたのだろうと思ったのです。

生前の主人に「ＳＮＳを使って配信していきたい」と伝えたとき、ものすごい剣幕で反対されたことがあります。スマホを壊さんばかりの勢いで、「ＳＮＳは全部消せ！」と言われたので、その理由を聞きました。すると、主人はこう答えたんです。

「君は世界へ羽ばたく人だから。とにかく今は表に出ないで、ここから旅立たないでくれ」

そのときは「旅立つもなにも専業主婦なんだし何も変わらないよ」と返答しましたが、今思うと、彼は魂では私の使命や本当にしたいことをわかっていたのでしょう。だとしたら、ＳＮＳを使って世に出ることは自分のやるべきことなんだと、逆に確信できたのです。

現在は、SNSをツールに、スリランカの学校を親子で訪れるツアーを計画するなど、本来の夢であった国と国をつなぐような活動もさせていただいています。主人が亡くなった半年後、自分のノートに書いた、「世界中でたくさんの人を笑顔にさせる人になる！」という自分の使命を全《まっと》うしていく日々を過ごしています。

「この現実世界で応援できなくてごめんね」という主人からのメッセージを受けとったのですが、**目に見えない世界で主人が私の使命のために動いてくれているのを感じます**。私が現実世界で力になってくれる人たちと出逢えるのは、主人がつないでくれているからなのでしょう。

主人は死の直後から、子どもたちの前に現れることがたびたびありました。子どもたちは「パパが遊びに来てくれたよ」なんて報告してくれます。今では、子どもを通じて主人が何かを伝えてくることもあります。

主人とは離婚寸前までいったことが過去に何度もありますが、だからこそ、悩んでいるたくさんの女性たちに自分の経験を通じて伝えていくことができています。だから、主人には感謝しかありません。うつ気味だった田舎のイチ主婦の発信を聞いてくれる人が現れることを、主人が全部セッティングしてくれたのでしょうね。

主人と私は今、決めてきた使命を果たすべく、本当の意味で結ばれたのだと思っています。

第3章　故人がつないでくれた師匠とのご縁

生涯の師匠との出逢い

章の始まりですが、結論から言ってしまいます。

僕は**大切な故人の計らいのもと、生涯の師匠となる竹田和平さんと出逢い、人生を変えることができました。**

さらに和平さんの死をきっかけに**「志」を継ぐことで、魂を再起させる**ことができたのです。

竹田和平さんは、タマゴボーロで有名な「竹田製菓（現・竹田本社）」の会長であり、日本一の個人投資家として有名な方です（和平さんとのエピソードや教えていただいたことについては、拙著『日本一幸せな大富豪 竹田和平さんが命をかけて教えた 魂に火をつける5つの物語』『まんが超訳「論語と算盤」』〈いずれも光文社〉に詳細を記しています。僕だけではなく和平さんとご縁の深い方たちの物語も収めていますので、読んでいただけると和平さんも僕たちもとても喜びます！）。

和平さんと出逢ったのは、２００６年9月1日のことでした。

当時の僕は生活のため、前職（環境ベンチャーの会社の営業）のスキルを活かし、営業代行の仕事を始めていました。

親父の死は乗り越えていましたが、死についての探究は続けていました。けれども明確な答えは出せず、加えて**自分を幸せにする在り方の答え**も見いだせずにいました。

そんなある日、商談の前に時間があったので、営業先の東京・北区にある、飛鳥山《あすかやま》公園に休憩のつもりで立ち寄りました。するとそこに、「渋沢《しぶさわ》史料館」なる建物が。

「暇だし、まだ時間もあるし、入ってみるか」

と、軽い気持ちで覗《のぞ》いてみたのです。

そこには、「日本資本主義の父」と呼ばれ、社会貢献と経済の両輪を実現させた渋沢栄一《えいいち》の史料が収められていました。

「なんてカッコいい人なんだ！　こんなすごい人の弟子になりたい！」

それからというもの、すでに世を去っているこの偉人に憧れて、著書や文献を読み漁り、見事に〝渋沢栄一オタク〟が完成（笑）。

「渋沢栄一のような人に会って学びたい！」

と願った僕は、自己啓発・ビジネス系セミナーや講演会に出かけては、「現代の渋沢栄一、知りませんか？」と、片っ端から聞いて回りました。

すると、イエローハットの創業者・鍵山秀三郎《かぎやまひでさぶろう》さんの講演会の懇親会で、目の前に座った人から、

「いるよ。竹田和平さん」

との返事が。

聞けば70歳くらいの方で、上場企業の大株主であり実業家としても投資家としても大成功されているとのこと。

「ブログやっているから覗いてみるといいよ」

「へ？　ブログですか⁉」

今でこそ年齢に関係なくSNSを通じて自己発信することは珍しくありませんが、2006年当時の僕は、その年齢でブログを通して発信されていることに正直驚きま

した。俄然《がぜん》興味が湧いてきて、毎日和平さんのブログを熟読し、著書もすべて読んで、今度は〝竹田和平オタク〟になったのです。

なぜ僕が、渋沢栄一、竹田和平の両人にこんなにも惹《ひ》かれたのか。

それは、どちらも**「徳」の教え**を説かれていたからです。

社会活動と経済活動を両立させ、自分だけでなく周りにも**幸せと豊かさを循環させる姿**は、まさに僕が理想とする在り方でした。

しかも、両人とも顔写真を見る限り、福の神のように福々しく、なんともお幸せそうで穏やかな表情をされています。

なんとかして和平さんに会いたい……！

そう願った僕は、そのチャンスを摑《つか》み、和平さんの住む名古屋行きの新幹線に乗り込んだのです。

実際にお目にかかると、和平さんはイメージ通り**「徳」を体現された、まさに〝福の神〟**そのもの。和平さんの大きくやさしいオーラを前に、「僕は今、七福神のえびす様に会っているのか？」などと思い、つい「参りました」という言葉が出たほどです（実は和平さんは、えびす様をご自身のメンターにしていたのですが、その話は第6章に引き継ぎましょう）。

それから10年で100回ほど和平さんのもとに足を運んでは、たくさんの教えをいただきました。和平さんはいつも僕の話にもニコニコしながら耳を傾けてくれました。

最初、弟子にしてほしい！　と懇願したものの、「弟子なんかとらんがね」とガハハと笑って一蹴《いっしゅう》されました。しかし、和平さんの志を学びたいという執念にも近い想いを汲《く》んでくださり、たくさんの教えや志を僕に授けてくれたのです。

その出逢いに祖父と親父が祝杯

実は、和平さんと出逢う1年前に、僕の父方の祖父が亡くなりました。

僕が生まれてから2歳までは、父の実家である祖父の家で一緒に暮らしていました。僕はおじいちゃん子だったそうで、共働きで日中働きに出ていた母親が帰ってきても、おじいちゃんから離れなかったそうです。

祖父は息子（僕からすると親父）の家族である僕たちのことを最期までとても気遣ってくれました。

僕は生まれたときからずっと大好きだったので、祖父が亡くなったことはとてもショックでした。

祖父は戦争経験者でした。しかし、まだ若く、戦争が起きた事実もよく理解していなかった頃の僕は、戦争について祖父に聞こうとしませんでした。

大人になって、今の日本社会が置かれている状況は**戦争のことを理解していないと**

わからないことに気づいたのですが、そんな矢先に祖父は逝ってしまいました。

大好きなおじいちゃんが逝ってしまった。おじいちゃんの口から戦争の本当の話を聞きたかった。

でも、これも祖父の計らいかもしれません。翌年に渋沢栄一の存在を知り、和平さんに巡り合ったのです。

それにしても、なぜごくふつうの僕が和平さんのような雲の上の方に会えるのだろう？　どんなご縁なのだろう？　と不思議な気持ちしかありませんでした。

当時は東京から名古屋までの新幹線代にも事欠くほど厳しい財布事情でしたし、結婚はしたものの離婚するしないで毎日ケンカして、パートナーシップもボロボロ。仕事で何か大きなことを成し遂げているわけでもない。自分の幸せもわからず、豊かさなんて程遠いような状態だったので、僕が和平さんにお会いできる理由がなかったのです。

ただ、和平さんにお会いする直前に、僕の中には「もしかしたらこれが理由か……」と感じた、あるビジョンが湧いていました。

それは、亡くなった親父と祖父が**あの世で祝杯をあげているビジョン**です。

当時、すでに親父の死をきっかけにスピリチュアルなことも学び始めていましたが、とはいえ僕には何かが見えたり聞こえたりするような霊能力はありません。

それでも、

「親父とおじいちゃんが応援してくれている。和平さんに会えることを祝ってくれているんだ」

と、なぜかとても強く感じたのです。

僕の大好きで大切な故人2人が、喜んでくれている。

祝杯のビジョンが見えたときに、

「おじいちゃん、親父、お祝いしてくれてありがとうー！　和平さんに会ってくるよ！」

と、感謝と感動を抱いたまま、和平さんを訪ねたのでした。

実際に、

「よう来たがね！」

と迎えてくださった和平さんの満面の笑みを見て、僕は内心、

「あ！　**おじいちゃんの代わりが現れてくれた！**」

と感じるぐらい嬉しくなりました。

当時の和平さんは73歳。亡くなった祖父よりは5歳ほど若かったのですが、戦争を経験していたので、僕が祖父に聞きたかったことを和平さんから聞くことができたのです。

第1章で、親父からのメッセージを「命日占い」によってひもといたとお伝えしましたが、その鑑定結果によると、２００６年は僕が「一人前の大人になる」ための節目の年でした。

「命日占い」はホロスコープを基盤に読み解くため、ちょっと専門的な表現になりま

すが、2006年に親父の命日が持つ星と〝父の日〟とも表現される「土星」が重なり、**「終わりから再生」**へと向かったというのです。

2006年は、まさに僕が和平さんに出逢った年。

僕の人生の師匠ともいえる存在に出逢えたのは、

「自分に代わるメンターに出逢えるよう、お前を見守っているよ」

という親父からのサポートのおかげだったのです。

事実、親父が亡くなった命日月が8月で、和平さんにお会いできる運びをいただいたのも8月という偶然の一致が起きていました。

親父が亡くなったとき、22歳の僕は、この先社会でどう生きていけばいいのだろう、という不安を漠然と抱いていました。

仕事への向き合い方も、社会での生き方も、家庭の築き方も、尊敬している親父に聞きたいことばかり。なのに、それも叶わなくなってしまったという僕の想いに対し、親父はちゃんと**自分の代わりとなる人との出逢いを準備**してくれたのです。

確かに僕は、渋沢栄一のような人物、メンターを求めて和平さんに会いに行ったのですが、実際お会いすると僕にとって和平さんは、おじいちゃん代わり、親父代わりの存在でした。僕にとっては最初から、家族のような存在だったのです。

和平さんも僕のことを、

「血はつながっていなくても、**魂の家族だと思っている**」

と言って、一緒にお風呂に入ったり食事をしたり、和平さんのお宅に泊まらせていただいたり、本当に可愛がってくれました。

祖父と親父が、僕が一人前になれるように、幸せで豊かな人生を生きられるように、生涯のメンターに出逢わせてくれたのだと感謝しています。

和平さんが天へ還《かえ》った今、いつも僕を見守りながら、僕の親父や祖父と3人でガハハハと笑って祝杯をあげている様子が目に浮かびます。

師匠の死

僕が和平さんに最初にお会いした2006年当時、和平さんは2度目の大病から復活されたばかりの頃でした。

実は和平さん、病に倒れられたとき、**臨死体験**をされているのです。

そのとき、すごく**あたたかいものに包まれて、そこに自分が溶けていく**ような感覚だったといいます。「至福そのものだった」と。

「あったかぁいものに包まれたんだがね。それはそれは言葉にはできないぐらい幸せだった」

スピリチュアルな世界では**「ワンネス体験」**と表現されますが、まさにそれです。

簡単にいうと、存在するもの**「すべては一つ」**であるという概念が「ワンネス」。そこに溶け込んで一体となる体験が「ワンネス体験」です。

和平さんはワンネス体験をされてから、まだ〝そのとき〟じゃないと、現世に舞い戻ってきたそうです。

だから和平さんは、いつも言っていました。

「**死ぬのはまったく怖いことじゃない**がね。あったかぁい場所に溶け込んで幸せになるだけだから」

和平さんがその〝あったかぁい〟場所に還られたのは、2016年7月21日。

僕は和平さんのおかげで再起したにもかかわらず、途中でまた息切れしてしまい、和平さんには数カ月に1回しか会わなくなっていました。

そんな不肖《ふしょう》の弟子が、もう一度、力を取り戻したきっかけは、図らずも師匠の死となってしまったのです。

和平さんは亡くなる直前まで、体が思うように動かなくても、車椅子に乗ってでも、這《は》ってでも話をしに行かなければ、この想いを若い世代に伝えなければ……!と、鬼気迫る姿だったと、和平さんの最後の弟子やそばで支えていた秘書の方が教えてくれました。

いつもニコニコえびす顔の和平さんでしたが、最期の日が近くなるにつれ、情熱と危機感が体じゅうからあふれ出ていたといいます。

和平さんは日本の未来を憂《うれ》えていたのです。

このままの社会構造では、２０２０年代になったら、戦中・戦後と同じように多くの人が苦しむ時代が再来してしまうことを、和平さんは予見し、危惧していました。

それでは、和平さんが大切にしていた、みんなが幸せで豊かに生きる社会とは逆行してしまいます。

それを回避するために、**今こそ「まろ」が必要なのだ**と、最期までまさに命を削ってでも伝えようとしていたのです。

「まろ」の志を受け継いで

和平さんは、僕たち弟子に口癖のようにいつもこう言っていました。

「まろアップすればいいんだがね」

和平さんのいう**「まろ」**とは、**「まごころ」**のこと。和平さんは、言霊《ことだま》を放つ言葉として、〝ご〟と濁点をつけたくなかったのでしょう。

「まごころ」を「まろ」と略して使っていました。

この**「まろで生きる」**ことこそ、和平さん流の人生成功の奥義《おうぎ》なのです。

和平さんの言葉をお借りすると、人間の心は**「真心」**と**「自我《エゴ》」**でできています。

この「自我《エゴ》」がなくなると、僕たちは「まろ」だけになれるのです。

だから和平さんは、**「まろ」を増やす＝「まろアップ」**をすすめていました。

まろアップ、つまり自我《エゴ》をできるだけ取り払って、心を真心で満たす。そうすると、魂がレベルアップした状態になり、人生が自然にどんどん好転していくというのです。

和平さんは数多くの著作や講演でメッセージを残していますが、それらすべてに共通する「人生成功の奥義は何か？」と尋ねたとしたら、

「まろアップすればいいんだがね」

と答えてくれると思います。

では、具体的に「まろアップ」するにはどうしたらいいのでしょうか。

僕が和平さんに出逢った当時は、人生のドン底で苦しんでいるときでした。

そんな僕の困窮話から、親父の死、うまくいかないパートナーシップの話まで苦しい心境を正直に吐き出すと、和平さんはこう教えてくれました。

「君は**『ありがとう100万遍』**をしたほうがいいがね」

どういうことかというと、人生がうまくいかない人は「ありがとう」が圧倒的に足りていない。だから、**「ありがとう」を1年間に100万回言う**と、人生が自然にどんどん良くなるというのです。

正直、よくわからなかったのですが、メンターの教えですから、素直に受け止めて実践してみることにしました。

「ありがとう」を1日3000回言うと、1年で100万回以上になる。最初は「ありがとう」と思えていなくてもいいとのことなので、とにかく「ありがとう」を口にするよう心がけました。

一人のときも暇さえあれば「ありがとう」を言い続けて1カ月もすると、仕事でもパートナーシップでも、奇跡のような嬉しいことが起きるようになりました。
そして半年が過ぎた頃には、自分がつくってしまった借金も完済できて、パートナーシップや人間関係もすべて良好になったのです。

和平さんに教えてもらった「ありがとう100万遍」を実践したら、本当に幸せと豊かさに近づけたことを報告すると、和平さんがその種明かしをしてくれました。

「『ありがとう』と言うことは**愛を受けとって感謝する行為**。『ありがとう』を言うだけで**徳**が少しずつ貯まるんだがね。
徳が貯まると、その徳のエネルギーが人からの愛に変わり、奇跡のような有り難く嬉しいことが起きてくるんだがね」

ありがとうと感謝をすると、徳が貯まる。
徳が貯まれば、その還元として人からの愛がもらえるようになる。

ありがとう　↓　徳　↓　愛　↓　ありがとう　↓　徳　↓　愛

　このような**愛と感謝の善循環**が起きて、その過程で魂がワクワク喜び、どんどん「まろアップ」していくとのこと。

「まろ」が増えれば増えるほど、奇跡のようなことがたくさん起きて、自分に関わるみんなが幸せで豊かになる。

　これこそ、和平さんが僕たちに遺した人生の成功の奥義なのです。


　されど、お恥ずかしい話、和平さんがまだ生きていたころは、「ありがとう１００万遍」も「まろアップ」も、幸せに豊かに生きるために、自分の好きなことをして生きるためにするといいんだ……と、自分に都合よく解釈していました。

　そういう意味では、和平さんの「志」を受け止めきれていなかったのです。

和平さんはいつも、
「人は、福の神のようになることを目指している。
地球は、天国のようになることを目指している」
と教えてくれました。

和平さんの志は、「まろアップ」することで、**福の神のように生きて、地球を天国にすること**だったのです。

この志を本当の意味で理解できたのは、師匠がこの世を去ってからのことでした。

僕はなんて不肖の弟子だったのだろう……。

志を失っていた僕は、「師匠の志」を継いで、師の死を力に変えて和平さんに恩返しをして生きよう！と決めたのです。

そして、僕なりに志をキャッチコピーにしたのが、

「全人類福の神化《かみか》による地球天国の実現」

でした。

志を胸に、毎日もてる力すべてを出し切って生きていこう！

晩年の和平さんがそうだったように魂を燃やしていこうと決意したのです。

「時嗣さん、ついに魂の火がついたがね！」

きっと和平さんは、そう言って笑って喜んでくれたことでしょう。


２０２３年2月4日、竹田和平生誕90周年を迎えました。

この日、本田晃一《ほんだこういち》さんや本田健さんをはじめとする弟子仲間と、ＹｏｕＴｕｂｅでライブ配信をすることで、２０００名以上の方と一緒にお祝いすることができました。
※生誕祭の様子は、２５４ページ掲載の二次元コードから、ＹｏｕＴｕｂｅ『ダーナチャンネル』にて無料でアーカイブをご覧いただけます。

生前の和平さんには会ったことがない方たちも数多く生誕祭に参加してくださいました。そのご感想をうかがっていると、みなさんに和平さんの「志」が伝わっていることを感じます。

和平さんは、近代日本の礎《いしずえ》を築いた渋沢栄一を生きる上でのロールモデルにしていました。渋沢は、常に日本全体のことを考え、世のため人のために生きた人です。

和平さんも、その徳を多くの弟子たちに伝え、最後まで日本の未来を想い、生き切りました。

和平さんが遺した志は、ご家族や僕たち弟子だけが継ぐものではありません。あなたも今、この本を読むことで、和平さんの志を継いでいただくことができます。

そんなあなたのことを、満面笑顔のえびす顔の和平さんが、

「ありがとう！　ありがとう‼　ありがとう!!!」

と、〝福の神〟のごとくパワフルに応援してくれることでしょう。

episode 3

宮《みや》城《ぎ》治《はる》男《お》さん

1993年、早稲田大学在学中に学生起業家の全国ネットワーク「ETIC.《エティック》学生アントレプレナー連絡会議」を創設。2000年にNPO法人ETIC.の代表理事に就任し、翌年まで代表を務める。実践型インターンシップや起業支援プログラムなどを通して社会の未来の仕組みづくりに参画。これまで約2000名の社会起業家を輩出。文部科学省参与、中央教育審議会臨時委員、内閣官房まち・ひと・しごと創生会議構成員を歴任。

社会起業家ムーブメントに火をつけた、亡き青年の「志」

大学在学中にETIC.を立ち上げてから、今年で30年が経ちます。これまでたくさんのプロジェクトに参加しましたが、2000年からは起業家を育てる仕組みを築いてきました。日本社会において、その後、社会起業家やソーシャルベンチャーはムーブメント的に広がり、新しい生き方、挑戦の形として定着してきたといえますが、そうした流れの背景に、一人の青年の死がありました。

学生団体の延長で始めたETIC.が事業化し始めた1998年のこと。私は学生のうちから起業家になる道があることを伝える啓蒙活動をしていましたが、それに関連する勉強会やイベントにいつも参加していたレギュラーメンバーの一人に、吉持彰博さんという青年がいました。

大学を卒業したばかりの彼は、環境や農業の問題に危機を感じ、意識の高い農業家を育てる人材育成プログラムを始めようとしていました。実際に宮崎県で農業のインターンプログラムを実践する準備をしていたのですが、最期の日は突然訪れました。2人のETIC.創業メンバーを車に乗せて運転していた吉持さんが交通事故を起こしてしまいます。病院に運ばれましたが、私が当時高校生だった彼の妹さんを羽田空港へ迎えに行き、一緒に到着したちょうどそのとき、息を引き取ったのです。

なんの計らいか、23歳の青年が亡くなった8月6日の『日本経済新聞』の朝刊には、彼が始めようとしていたインターンシップの記事が大きく掲載されていました。まさにこれから遂げようとという「志」だけをこの世に遺して、逝ってしまったのです。

ご両親は憔悴されていたので、仲の良かった私がお葬式の手配をすることになりました。亡くなった2日後の8月8日がお葬式だったのですが、手配をしながら私の中に憤りに近いものが芽生えてきました。

誰がどう見ても善人で、みんなから愛され、高い志を持ってチャレンジしようとしていた若者が、なぜスタートを切ったばかりのタイミングで逝かなければならないのか⁉

行き場のない気持ちを抱きながらも、同時に**「この死には意味があるはずだ」**という思いも湧いてきました。

「これは我々にくれたメッセージなのではないか。彼の死を通じて、未来につなげなければ」

そう切り替えた瞬間、前に進むためのものすごいパワーをもらった感じがしたのを覚えています。

そのパワーを原動力に、追悼文集を制作することにしました。彼は生前、格言のような言葉をたくさんメモしていたので、その言葉を収めた文集を参列者に配布しようと思いついたのです。

当日、お通夜には２００名ほどが集まったのですが、不思議と爽やかな場となりました。それは、彼の生き様の反映なのでしょう。彼の死を悼《いた》みつつも、**「これから自分はどう生きていこうか」**と、集まったみんなが前向きな会話をしていました。

このように各々が志を語り合える場をつくることができるのは、彼からのギフトのように思えたのです。

起業家を目指す仲間たちと、生と死を深く問うような場をシェアできるのは、とても意義のあることではないか。

そう思い、年に1度、吉持さんの命日に集《つど》いの場を設けることにしました。彼が環境問題に取り組んでいたことから、「Creative Action For the Earth《クリエイティブ アクション フォー ジ アース》」略して「CAFE《カフェ》」と名付けたその集いには、毎年２００名ほどの人が参加。志を語り合うことで、参加者全員にとって命や人生の意味と向き合う機会になっていたと思います。１９９８年のスタートから２０２１年まで毎年欠かさず、吉持さんの志のもと開催することができました。

一方、**私自身も彼の死により、新たな志を立てることに**なりました。

吉持さんは当時、事業立ち上げのために、昼間は起業準備をして、夜はアルバイトで資金をつくっていました。今ならスタートアップ支援やクラウドファンディングで資金を調達することができますが、当時はそのような基盤やサービスもなく、資金づくりのためにまさに寝る間もない日々を過ごしていた最中に起きた事故でした。

「無理して稼いだお金で、社会が必要としている事業を興すなんて、時間も労力ももったいない。彼のような高い志を持つ人が、１００％その思いを遂げるために集中できる環境をつくるべきではないか」

そこで、社会起業家を志す人を応援する取り組みを始めることにしました。その後２０００名近い起業家が飛び立ち、大きなうねりが起きていった背景には、彼が挑み、遺してくれた志とその生き様があったのでした。

私はもちろんですが、ＥＴＩＣ．メンバーやＣＡＦＥに参加してくださった方々は、彼の死からメッセージを受けとった感覚だったと思います。毎年夏がくると、生と死について、さらにはそれぞれの志を見つめ直す機会をいただけたからです。

死について皆で共有し向き合ってきた基盤があったことで、東日本大震災が起きた際は、ＥＴＩＣ．のスタッフは迅速に対応し、その後も１２０件以上の復興事業、プロジェクトを支援し、今も被災地の方々と歩み続けている大きな取り組みへと発展していきました。

それができたのは、メンバーが毎年のＣＡＦＥを経験することで、**死を無駄にせず未来を変える一つのきっかけに**しよう、亡くなった方々の想いや志を次の世代へつなげていこうという気持ちを築けたからでもあったと思っています。

志を立てていたにもかかわらず、成し遂げるに至らなかった若者の死が、死後25年を経ても影響を与え続けていることについて、不思議に思うことがあります。

実際には現実の成果を作り出す前にこの世を去った彼でしたが、思えばこの25年の間、彼のような透明な志と行動力を持つ人に出会った記憶がありません。とても穏やかで純粋ですぐれた人柄の青年でしたが、その内側には強い想いと高い志がありました。そんな彼のバイブス（気合い）が、時を経ても今なお響いているのでしょう。

「志」とタイトルを付けた追悼文集には、彼が大切にしていた言葉をいくつも並べましたが、その中の一つを毎年ＣＡＦＥのキャッチフレーズにしていました。

この言葉はまさに彼の遺してくれた生き様そのものでもあり、今も私たちを励まし続けてくれている彼からのギフトだと思っています。

間違ったら反省する
失敗したら再度挑戦する
どんな荒野にも　歩いているうちに自然と道ができるものだ

魯_ろ迅_{じん}

第4章

死んだらどうなるのか

人類史上、永遠の謎

人は、死ぬとどうなるのか。

これこそ、人類が誕生してから今日に至るまで、もっとも多く議論され、もっとも多くの謎に包まれた問いではないでしょうか。

哲学や宗教、科学の分野においても、絶えず探究されてきましたが、未だはっきりした答えは出ていません。

僕も親父を亡くして以来、20年以上の歳月をかけて、自分なりの答えを探し求めてきました。

自らの探究と実体験から、ようやく「これだ」という答えにたどり着いた矢先の2022年秋、原子力工学の博士号をもつ科学者であり研究者の田坂広志さんの著書『死は存在しない』（光文社新書）が出版されました。すぐに拝読した僕は、自分の中での答えが**科学的にも証明される時代になったのか！**と驚嘆しました。

この章では、僕がたどってきた探究の道に沿って、

「死んだらどうなるのか」
に対して、答えを探っていきたいと思います。

みなさんの中にも、それぞれ答えがあるかもしれません。もちろん、まだ探究中という方もいることでしょう。

ここでお伝えする内容が絶対的な真理ということではなく、僕が導き出した一つの答えと受け止めていただけたら幸いです。

天国と地獄は本当にあるのか

第2章でお話ししたように、もともと僕はひどい喘息があったので、小さい頃から意識がなくなってしまうことに大きな怖れを感じていました。

呼吸が止まる経験を何度かしたことで、

「死んだあとは天国とか地獄って場所に行くのかな」

「〝あの世〟ってあるのかな」

「死んだら何も感じない〝無〟の世界に行くのかな」

と、子どもながらに考えてもいました。

その後、19歳のときに子どもを堕ろすという経験をしてまもなく、『生きがいの創造』を読んだこともあって、

「死んでも意識や記憶は残るのかもしれない」

と思うようになりました。いや、思うようになったというより、自分の中でそう納得しようとしたといったほうが正しいでしょう。

人一人を殺してしまったかもしれないと罪悪感に苦しんでいた当時の僕にとって、**人は死んでも生まれ変わる**という説は救いだったのです。


そこから、親父の自殺によって、こんな疑問が湧いてきます。

「死んだら意識が残ると仮定して、地獄に行くことって本当にあるのか？」

仏教では地獄があるという世界観を説いています。特に自殺による死は、死後の世

界が十界あるうちの最下層の地獄行きだといいます。親父の葬式は仏式だったのですが、そのとき住職に同じことを言われました。

もちろん自殺は褒められたことではないでしょう。だからといって、「自殺はダメだ。即刻、地獄行きだ」と頭ごなしに言われると、大好きだった親父をけなされたように感じ、僕はムカついて仕方がなかったのです。

しかも、住職の読経《どきょう》からは「まろ」がまったく感じられず、僕は「この、クソ坊主！」（口が悪くてすみません！）と心底腹が立ち、それ以来、宗教が大の苦手になってしまいました。

宗教家に死後の世界を聞いても、ただ地獄の世界観を説かれるだけ。そんなんじゃ納得できない！

そう思った僕は、別の視点からも死後の世界を探究することにしました。当時はバリバリ左脳派の人間でしたが、いわゆるスピリチュアル系の本をたくさん読んだり、霊能力をもつ人たちに話を聞いたりするようになったのです。

もちろんスピリチュアル一辺倒では、ロジカルな解明はなかなか難しいもの。そのため、脳科学や量子力学などアカデミックな観点からも学ぶようにしました。

そうすることで、死んだらどうなるのか、僕なりの答えにたどり着いたのです。


天国と地獄について、結論からいうと、**地獄はありません！**

……と、断言しちゃっていいと、僕は思っています。

確かにひと昔前は、地獄と呼べるような死後の世界があったのかもしれません。

でも、**今はもう絶対ない！**　と、声を大にして言いたいです。

なぜ昔はあった可能性があるのかというと、以前は現代以上に天国と地獄を信じている人が多く、**潜在意識に地獄絵が刷り込まれていたから**です。

無意識の意識層である**潜在意識**に、地獄絵のような恐ろしいイメージが刷り込まれていると、その人は生きていても不安や恐怖を感じる現実につながってしまいます。

そうすると、死んだ直後も、その人にとっての恐怖の映像が自動再生されることになり、そのことを「地獄」だと感じるようになります。

つまり、生きているうちから不安や恐怖を感じていると、地獄のような恐ろしい死後の世界につながってしまうということです。

逆にこの潜在意識の原理を応用すると、今生きている僕たちが、幸せな気持ちや豊かさを感じていたとしたら、**天国のような安心安全で幸せな世界につながることができる**ということ。

生きている今の世界を、天国に住んでいるように感じることができていたら、死後も天国のようなイメージが続くのではないでしょうか（これに関しての詳細は、125ページをご覧ください）。

ということは、今を、どれだけ幸せで豊かさを感じながら生きているかが大切だといえるわけです。

怪しいと思いながらもスピリチュアルな世界へ

今でこそ、日本でもスピリチュアルな世界が多くの人に受け入れられるようになってきていますが、僕が「死」の探究を始めた2000年当時は、まだまだ「スピリチュアル＝怪しい」という時代でした。

バリバリ左脳派だった僕も、もれなくその一人でした。

ただ、ビジネス書や自己啓発書を読んでいくうちに、**「本当の成功者、本当のお金持ちはスピリチュアルな人が多い」**ことに気づきました。

2002年、僕が25歳のとき、怪しいなと思いつつも、「スピリチュアル・コンペティション」、略して〝スピコン〟に足を運んでみることにしました。天然石の販売やヒーリングを行なうなど、スピリチュアルな活動をするたくさんの人や企業が出展していました。

そこで僕は、生まれて初めてチャネラー（目に見えない存在とつながってメッセージを降ろす人）や霊能者の方からスピリチュアル・リーディングを受けることにしました。

その方に親父が亡くなっていることを話すと、その方を通じて親父とつながり、初めて死んだあとの親父と対話することができたのです。

とはいえ、失礼ながら当時の僕は、霊能者という存在に対して半信半疑でした（騙《だま》されているのでは……なんて思ってすみません！）。

けれど、親父の意識や魂とつながったメッセージを受け取ったら、

「こうやって**死んだあとも会話ができるんだ！**」

と、真偽が定かでなくても涙が出るほど嬉しく感じました。

この体験をしてからというもの、セミナーでご縁をいただいたチャネラーやスピリチュアルカウンセラーの方と友人関係になり、リーディングしていただくという機会が増えました。

その中には、世界銀行の元人事担当だった人事コンサルタントで作家の中野裕弓《なかのひろみ》さん（『世界がもし１００人の村だったら』の原文を翻訳し、日本で初めて紹介した人）もいらっしゃいます。

ロミさん（中野さんのことを、こう呼ばせていただいています）は、そのキャリアからも、お人柄からも、どこからどう見ても疑いがない方。しかも当時は、公表はされていませんでしたが、チャネラーでもある。

ロミさんのようなすごいキャリアの方が、スピリチュアルな知恵を活かして幸せに豊かに生きているという事実に加え、愛でやさしく包んでくれるような素敵なお人柄に、スピリチュアルな世界に対する懐疑心《かいぎしん》が徐々に薄まっていったのです。

そして極めつきは、僕の人生の師匠・竹田和平さん。

和平さんも、スピリチュアルな世界を信じている人でした。投資をする際も、シンプルな指標をもとに、あとはひらめきで決めるという形で、直感力をとても大切にされていました。

大尊敬する人生の師や、ロミさんをはじめとする幸せに成功されている素敵な方たちが**スピリチュアルな世界を信じている**。

しかも和平さんは臨死体験までされている（77ページ参照）。〝あの世〟の「ワンネス」を体験して帰還しているわけです。

初めて和平さんからワンネスの話を聞いたとき、僕はまだスピリチュアルに関して全肯定できていなかったので、正直、半信半疑だったことは否《いな》めません。でも、和平さんはふざけたり、ウソをついたりする人ではない。

「和平さんが言うのだから、本当にそういう世界があるのだな」

僕は、和平さんが体験したという死後の「ワンネス」の世界も、自然と信じるようになっていったのです。

ついに答えが見えた！

その後、霊能力のある人やスピリチュアルな人たちとのご縁を多くいただけるようになりました。

僕はその人たちに、臨死体験のお話を聞いたり、自死するとどうなるのかを尋ねました。

みなさん微妙に表現は違いますが、共通する見解は、

「肉体から離れても、意識（魂）は存続する」

ということでした。

このことを説明するにあたり、ここで少し量子物理学のお話に移りましょう。僕は専門家でも学者でもないので、専門家のご著書から知恵を拝借しながらお伝えしたい

と思います。

この世界に存在するすべては「波動」「エネルギー」であり「素粒子」からできている、と聞いたことはあるでしょうか。

私たちの体だけでなく、この本も、机も、壁も、物質を最小限まで分解していくと「素粒子」に行き着きます。

つまり、すべての物質は、素粒子が集まってできたものなのです。ちなみに、私たちの「意識」や「感情」も素粒子と言ったら驚くでしょうか。

（村松大輔『現象が一変する「量子力学的」パラレルワールドの法則』サンマーク出版）

僕たちの肉体という物質は、素粒子の集合体でできているのですが、目には見えない「意識」や「感情」でさえも素粒子が集まってできているということ。

それらは「フォトン」と呼ばれる「光の素粒子」であり、僕たちの体から放たれているというのです。

では、そのフォトンは僕たちの肉体が死んだら消えてしまうのでしょうか。それとも残るのでしょうか？

ドイツの理論生物物理学者フリッツ＝アルバート・ポップ博士は、死について次のような見解を示しています。

「私たちが死ぬとき『私たちの周波数（＝データ）』と『私たちの細胞を作っている物質』が脱結合（デカップリング）する」

（リン・マクタガート著、野中浩一訳『フィールド 響き合う生命・意識・宇宙』河出書房新社）

簡単に言うと、私たちの人体をつくっている細胞（炭素、水素、酸素、窒素など）から「フォトン」のデータが抜けていく。これが「死」だというのです。

抜けていく「フォトンデータ」とは何か？

そこには「意識」や「感情」がある。その人を動かしている〝原動力〟と言えばわかりやすいでしょうか。

日本人は昔からこれを「魂」と呼んできたのではないか。

（中略）

体（スマホ）は古くなると死滅しますが、データは「波」の状態で生き残る――。

このデータこそが魂なのではないか。


（村松大輔『現象が一変する「量子力学的」パラレルワールドの法則』サンマーク出版）

つまり、肉体が死ぬと、データである意識や感情は抜かれて存続する。死んでも意識（魂）は存続するということなのです。

ここで、次なる疑問が湧いてきます。

肉体から抜かれたデータである意識（魂）は、どこに保存されるのでしょうか？
意識は、一体どこへ行くのでしょう？

意識が残るクラウド場「ゼロ・ポイント・フィールド」

東京大学の名誉教授であり、死に関してたくさんの著書がある矢作直樹博士は、こう明記しています。

肉体から抜けた目に見えない存在は、私たちが住むこの世界とは別の世界で自在に生き続けます。「人は死なない」とは、そういうことです。私たちが今回の人生で与えられたこの肉体を脱ぎ捨てて、元いた場所へと還る。それが死ぬということの真実です。

（矢作直樹『「いのち」が喜ぶ生き方』青春出版社）

この〝元いた場所〟とは、どこのことなのでしょうか。

先ほど引用させていただいた村松さんは先の著書の中で、とてもわかりやすく記しています。

スマホのデータ（電波）ならクラウドに保存されますが、私たちのデータ（魂）は、波の状態でゼロ・ポイント・フィールドに残るのです。

現代の僕たちはスマホやPCのデータを、クラウドに保存していますよね。それと同じように、僕たち人間の意識（魂）は、**「ゼロ・ポイント・フィールド」**に保存されるというのです。

この「ゼロ・ポイント・フィールド」こそ、元いた場所、つまり**肉体が死んだあと意識が還る場所**なのです。

和平さんが臨死体験で至福を体感した、「あったかぁい」もの（77ページ参照）は、このゼロ・ポイント・フィールドなのではないか。

和平さんはゼロ・ポイント・フィールドに自分が溶けていくのを体感していたんだと気づかされました。

ではこのゼロ・ポイント・フィールドとは、量子物理学ではどんな場所なのでしょうか。

本章の冒頭でお話しした田坂広志さんの著書『死は存在しない』では、量子物理学の〝真実〟として、「莫大なエネルギーが存在する『真空』をゼロ・ポイント・フィールドと呼ぶ」と記しています。

さらに、最先端科学のゼロ・ポイント・フィールドの〝仮説〟としては、同書でこう述べています。


この宇宙に普遍的に存在する「量子真空」の中に「ゼロ・ポイント・フィールド」と呼ばれる場があり、この場に、この宇宙のすべての出来事のすべての情報が、「波

動情報」として「ホログラム原理」で「記録」されているという仮説なのである。

僕たち一人ひとりの人生における体験や記憶は、すべて「情報」と言い換えることができます。

そしてその「情報」は、波動やエネルギーとして、**ゼロ・ポイント・フィールドに「記録」されている**ということ。

つまり、僕たちが死んでも、魂の全情報、体験も記憶も意識も、すべてがゼロ・ポイント・フィールドに〝クラウド保存〟されているというのです。

意識のクラウド記録はいつまで残るのか

僕たちがスマホやPCのデータをクラウドに保存すると、アクセスすればいつでもデータを見ることができますよね。自分でデータ消去したり、クラウド自体がなくなったりしない限り、データは残り続けます。

では、ゼロ・ポイント・フィールドはどうでしょう。ゼロ・ポイント・フィールドの記録はいつまで残るのでしょうか?

田坂さんは『死は存在しない』で、「**ゼロ・ポイント・フィールドに波動として記録された情報は、決して、エネルギーの減衰《げんすい》に伴って消えてしまわないのである**」と著しています。

「ゼロ・ポイント・フィールド」に記録された情報は、永遠に残り続けるのである。

人間の肉体は、寿命があり有限です。いつかは心臓が止まり動かなくなるので、永遠に残り続けることはできません。

でも、肉体から抜かれたデータである意識（魂）は、ゼロ・ポイント・フィールドに還ると、そこで**永遠に残る**ことができるのです。

そういう意味で、「人は死なない」「永遠に生きる」といえるでしょう。

肉体は死んでも、意識も記憶もこの宇宙から消去されることなく、永遠に存在し続けるのです。

しかも、ゼロ・ポイント・フィールドの記録、つまり意識は「変化し続ける」という仮説も、科学的に提示されています。

肉体は死滅しても、「我々の意識の情報」は、ゼロ・ポイント・フィールド内に「永遠の記録」として残り続けるだけでなく、さらに変化を続けていくのではないか、すなわち、「生き続ける」のではないかという仮説である。

（田坂広志『死は存在しない』光文社新書）

肉体から意識が抜けたとしても、それを「死」と呼ぶだけで、魂はゼロ・ポイント・フィールドで生き続けている。

精神世界が描く単なる物語ではなく、最先端の量子物理学の観点からしても、魂は永遠に生き続けているという説が支持されつつあるのです。

ゼロ・ポイント・フィールドにつながるには

僕たち人間の意識は、肉体から抜けるとゼロ・ポイント・フィールドに還るわけですが、肉体をもって生きているうちは、ゼロ・ポイント・フィールドにつながることができないのでしょうか？

そこには自分の魂だけではなく、大切な故人の意識も記憶も含めて、宇宙の全情報が記録されているのだとしたら、アクセスしてみたいですよね。

田坂さんは『死は存在しない』の中で、僕たち人間の意識は5つの階層に分けられるとしています。

そのうちの第一の「表面意識」は、僕たちのふだんの意識。

ここは「自我《エゴ》」が主導権を握っています。

田坂さんは自我《エゴ》が強く働くこの意識のことを、「現実自己」と表現しています。

さらに第二から第五まで意識の層があるのですが、第五「超時空間的無意識」は宗教で表現される「真我」であり、この意識だとゼロ・ポイント・フィールドと一体になるといいます。

この第二から第五の意識であるとき、自我《エゴ》の動きは静かであり、ゼロ・ポイント・フィールドとつながることができる。

つまり、自我《エゴ》がない意識状態に近づくことで、ゼロ・ポイント・フィールドにつながることができるというのです。

和平さんの言葉でいえば、自我《エゴ》を少なくして真心《まろ》を増やす**「まろアップ」することで、時空間を超えてゼロ・ポイント・フィールドにつながることができる**わけです。

真心だけ、「まろ」だけの意識のことを、田坂さんは「深層自己」と表現します。

そして、肉体が死ぬと、僕たち人間の「現実自己」は消えて、ゼロ・ポイント・フィールド内にある「深層自己」に意識を移す。
つまり、肉体から抜けた「死」によって、自我《エゴ》が消えるということなのです。
言い換えれば、**「死」とは自我《エゴ》が死ぬことである**ということもできるでしょう。

となると、やはり僕たちは死んで肉体を脱がないと、ゼロ・ポイント・フィールドにつながることはできないのか？　というと、そんなことはありません。

スピリチュアルを探究している人たちの多くは、瞑想をしたり、神社を参拝したり、滝行をしたり、ヒーリングをしたりしますよね。

それらは端的に言ってしまえば、自我《エゴ》をなくすため、つまり、ゼロ・ポイント・フィールドにつながり、一体になる至福体験を求めてのことなのではないでしょうか。

自殺した魂の行く末

僕はもともと親父が自殺したことをきっかけに、死んだらどうなるのかを探究してきたわけですが、ここに至って、「自殺しても地獄に行くわけではなく」、誰もが平等に、肉体を脱いだら意識はゼロ・ポイント・フィールドにたどり着き、生き続けているという結論に達しました。

それでますます、

「亡くなった親父や祖父の意識が今もなお僕のことを応援してくれているんだ！」

「僕の幸せをいつもいつまでも願っていてくれているんだ！」

と確信し、それとともに大きな感動と深い感謝の念が湧いてきました。

自殺でこの世を去っても地獄には行かずに、意識は生き続けるということはわかりました。

それでも、その意識が罰せられたりすることはないのか、という疑問は残ります。

僕はこれまで出逢った霊能者やスピリチュアリストの方たちに、自殺についての見解をたくさんお聞きしてきました。

基本的にみなさん、自殺はしないほうがいいとおっしゃいます。その理由として、とても印象的な話をお聞きしました。

『かみさまは小学5年生』（サンマーク出版）の著者のすみれちゃんは、かみさまをはじめ、天使や目に見えない存在、お腹の中の赤ちゃんとも対話ができる10歳（2018年当時）の女の子です。

すみれちゃんに、自殺したらどうなるのか聞いてみました。

その答えは、人はみんな肉体が死ぬと、魂は元いた場所に戻るけれど、**自殺した人の魂は〝反省部屋〟に行く**かを選択できるとのこと。そこで人生を振り返って反省したら、魂がみんな還る場所に戻れるといいます。

つまり、ストレートにゼロ・ポイント・フィールドに還るのではなく、ちょっと反省するために立ち寄る場所があるとのこと。

そういう違いがあるだけだと、教えてくれました。

たとえば、病気や寿命などで肉体を去った人が約2カ月（仏教の世界でいう49日）でゼロ・ポイント・フィールドに還るところを、数年かけ反省してから還るのだと解釈しました。

また、作家仲間の優花《ゆうか》さんにもお聞きしました。『あたらしい世界２０２１』（ヴォイス）の著者である優花さんは、宇宙の〝源〟の意識である「ゼウ氏」を自分の体に降ろしてメッセージを伝える「トランスチャネラー」です。

トランスとは、自分の意識がない状態のこと。優花さんの意識は「無い」状態で、ゼウ氏が優花さんの体を借りてメッセージを伝えたり、質問者と対話したりしています。

ゼウ氏とは宇宙の全情報が詰まったデータバンクの意識体ということなので、**ゼロ・ポイント・フィールドの一部が意識化した存在**と解釈できます。僕たち人間を含むすべての生命は、宇宙の源であるゼウ氏から生まれ、死ぬとゼウ氏に還るといいます。

これはつまり、**肉体が死んだら、魂としてゼロ・ポイント・フィールドに還る**という量子物理学の見解と同じです。

そんなゼウ氏は、宇宙のことはなんでも知っている存在なので、死についても明確に教えてくれます。

ゼウ氏によると、自殺はできれば避けてほしいとのこと。

なぜなら、**宇宙の源と僕たちは、目には見えない線でつながっていて、自殺すると、その線を自ら断ち切ってしまうことになるからです。**

宇宙の源（ゼロ・ポイント・フィールド）とつながっている線が存在し、人は肉体が死んだあと、その線をたどって源に戻ることができるけれど、その線がないと自力で還ることができなくなってしまうというのです。

宇宙の源に還れないと、迷子状態になって何度も同じ人生をくり返すことになる。

つまり、自殺に追い込まれるような苦しい経験を何度もくり返すことになるというのです。

想像するにそれは「地獄」のようなことだと思います。

それはとても残念なことだから、自殺は避けたほうがいい、というのがゼウ氏の答えでした。

死んだらどうなるの？という質問に対しては、

「あなた方が、**死ぬ直前にどんな死後の世界を思い描いているか。その思っている世界がそのまま反映されます**」

とゼウ氏は答えています。

つまり、天国のような世界を思っていたら、死ぬとすぐにお花畑のような美しい場所に行く。仏教的な観念をもっている人だったら、白い服を着て三途《さんず》の川を渡っているシーンを体験する。

逆に、ドロドロとした地獄のような世界を思い描いていたら、本当に恐ろしい世界に行くということ。

もし、死んだら何もない無だと思っていたら、無の世界を体験する。

実際には〝行く〟というより、魂の目がプロジェクターになって、思い描いていた世界をスクリーンに映し出すというイメージが近いでしょうか。

思い描いていた通りのプロセスを経てから、魂はゼロ・ポイント・フィールドへと還っていくのか。

だとしたら、肉体をもって生きている今のうちから、天国のような幸せな世界を思い描いているほうが、絶対いいですよね。

ちなみに僕は、死んだら絶対天国に行きたいので、今から地球はすでに天国だと思って幸せに豊かに生きるように心がけています。

故人への祈りが大切な理由

すみれちゃんやゼウ氏の見解を聞いて、僕はホッと安心しました。

「自殺すると仏教的な地獄へ行ったり、罰せられたりするわけではないんだ。ゼロ・ポイント・フィールドに還りづらくなる、または還るのに時間がかかってしまうから、自殺は避けたほうがいいと言っているんだ」と。

では、ゼウ氏の言っていた、自ら線を断ち切ってしまった迷子魂を、救うことはできないのでしょうか。

または、すみれちゃんの言う〝反省部屋〟に立ち寄った魂が、より早く部屋を脱出できる方法はないのでしょうか？

その方法も、実は「ある」と教わりました。

それは**「祈り」**です。

ゼウ氏曰く、残された人が、亡くなった人の笑顔や幸せな思い出をイメージして感謝し、無事に**〝あの世〟へ還れるようにと祈る**ことによって、切ってしまった**源とつながり、線を回復する**ことができるというのです。

「祈り」や「供養」が大切なのは、実はそこにあるのだと気づかされました。

「ありがとう」と幸せと感謝の想いを込めて祈る。

これこそ、肉体をもって生きている僕たちにできる、この世を去った大切な人を助ける方法なのですね。

前述の田坂さんも、『死は存在しない』の中で次のように祈りをお勧めされています。

筆者は、ときに、遺族の方に、日々の習慣として、他界した肉親を心に抱きながら、「導きたまえ」「守りたまえ」と祈ることを勧めている。

なぜなら、「祈り」とは、ゼロ・ポイント・フィールドにつながる最良の方法であるからであり、深い祈りの中で、肉親に対して「問い」を投げかけ、「導きたまえ」と語りかけるならば、しばしば、何かの「答え」が聞こえてくるからである。

死ぬと残るのは「愛」の意識だけ

肉体が死ぬと、自我《エゴ》のない意識となって生き続ける。

科学者でもある田坂さんが、科学的なアプローチからこの仮説を立ててくださったことで、死ぬとあたたかいところに溶け込み、自我のない「まろ」意識になるという和平さんの話が、さらに真実味を帯びてきました。

では、和平さんの表現した「まろ＝真心」とは、一体なんなのでしょうか。

再度、田坂さんの言葉をお借りしましょう。


我々の「自我意識」は、「超自我意識」へと変容した後、「愛一元」の意識になっていくのである。

（田坂広志『死は存在しない』光文社新書）


自我《エゴ》を超越した、自我のない意識を、**「愛一元」**と表現されています。

この「愛一元」とは、そもそも二元（愛と憎、光と闇など）ではない、すべてを含んだ「愛」ということ。

愛しかないという意識。

「すべては一つ」という概念が、この「愛」という言葉に集約されているのです。

スピリチュアルな世界では、この愛のことを、「ワンネス」「宇宙根源」「無条件の愛」「大いなる一」「完全調和」などと表現しています。

宗教でも、「一如《いちにょ》」「唯識《ゆいしき》」など、言葉は違っても、一つなる「愛」を説いています。

この「愛」こそが、僕たちの意識から自我《エゴ》がなくなった状態なのです。

まとめると、人は死んで肉体から離れると、意識（魂）はゼロ・ポイント・フィールドへと還り、自我《エゴ》が消えて「愛」の意識になるということ。

だからこそ、死は決して怖いものでも、悲しいものでもないということ。

だって、「愛」に還るわけですから。

死とは、魂が「愛の純粋意識」になるための通過儀礼にすぎないのです。

亡くなってしまったあなたの大切な人も、今は「愛」の意識として生き続けています。

「愛」そのものですから、死の直後や〝反省部屋〟にいるときは、不安や恐怖、妬《ねた》み、憎しみなど、ネガティブな意識があったとしても、それもすべて愛に包まれて一つになっているのです。

「愛」100％の意識として、残されたあなたが幸せでいられるように、愛を贈り続けてくれているのです。

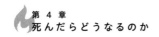

第5章　死を通して天とつながる方法

今どんなに苦しくても、天からの応援が届いています

一生の間に、一度も失敗を経験しないという人はいないでしょう。失敗することで、僕たちは大切なことに気づいたり、学んだりして、成長することができる。

僕も、何をやっても失敗続きでうまくいかず、一歩も前に進めなくなるような経験を何度もくり返してきました。

そのたびに自分に言い聞かせたのは、

「今、自分の目の前には**二つの人生の道**が開かれているんだ」

ということ。

二つの道とは、自分の人生を肯定しながら進んでいく道と、自分はダメなんだと否定し苦しみながら進んでいく道です。

失敗して立ち直れないくらいのダメージを受けたとしても、自分の人生を**肯定し、愛と感謝で生きる**ことができるかどうか。

これこそが、失敗や逆境続きの人生を好転させるカギだと学びました。

実はここに、「死」が大きく関わっています。

肉体をもって生きている僕たちは、失敗や挫折、絶望などの苦しみの経験から、なんらかの気づきを得ます。そして、そこから復活し、ふたたび希望に満ちあふれて生き始めるのですが、何かのきっかけでまた失敗をくり返します。

そこで挫折や絶望を十分に味わい、再度立ち直って希望を得るのです。

この循環を一生くり返していくことで、自分の意識を純粋な意識へと高めていきます。

純粋な意識とは、和平さんが言うところの「まろ」の意識になるということです。

ある意味、**人生の苦しみとは、「まろ」つまり純粋意識になるための「通過儀礼」**ともいえます。

前の章で、「**死とは、魂が『愛の純粋意識』になるための通過儀礼**にすぎない」と書きました。

つまり、死を経験して亡くなった人というのは、自我《エゴ》が消え純粋な愛の意識に戻る通過儀礼をすでに経て、「愛」の意識になっているのです。

人生で味わう苦痛による通過儀礼も、行き着く先は同じ**「愛の純粋意識」**。

生前の自分も通った道だからこそ、苦しみによる通過儀礼を体験中の人を、亡くなった人はまるで自分事のように応援してくれる。

亡くなった人の意識（魂）は、ゼロ・ポイント・フィールドに還っていますが、ここではその場を**「天」**と表現します。

天には、僕たちが「神様」と呼ぶような存在も、天使や龍など目に見えない存在たちも一堂に会しています。

天にいるあなたの大切な故人は、あなたが苦しんでいるとき、通過儀礼を体験しているとき、「愛」の意識に近づこうとしているとき、こんなふうにあなたに語りかけ

図1　人は一生を通して、成功と失敗をくり返し、
意識はどんどん純粋になっていく

ているのだと思います。

「自分たちの声に耳を傾けてほしい。意識をこっちに向けてほしい。そうしたら、『愛』の意識に同調できるから」

故人が天から放つ愛の意識に同調できると、この宇宙の波動の法則（共振・共鳴の法則）が働き、自分の中の愛の意識を高めることができます。

では、僕たちが天へ意識を向けるには、具体的にどうすればいいのでしょうか？

それは、大切な故人の幸せを想いながら**「祈り」と「感謝」をする**だけで充分。祈りと感謝で、僕たちの意識が瞬時に天とつながることによって、不安や苦しみ、絶望などさまざまなネガティブな感情を愛の意識で受け入れ、人生を肯定できるようになります。

人生を肯定できれば、「愛の純粋意識」へと近づいていくうえで、天からもさまざまな頼もしいサポートを受けることができるようになる。つまり、苦しいときほど、

図2　ネガティブな感情を愛の意識で受け入れる

実はものすごく力強い応援が、天からあなたに届いているのです。

追いつめられるほど天と強くつながる

日本では、宗教や神への信仰心が強くなくても、初詣に出かけたり、合格祈願をしたり、節目には神様に手を合わせることが習慣になっています。僕の場合は、節目だけでなく、日常的に神社を参拝しています。

実は、神社で祈ると、**愛の純粋意識になりやすく、天とつながり、天の存在に日常的に応援してもらいやすくなるのです。**

とはいえ、もともと参拝する習慣をもっていたわけではありません。

僕がそうなったのは、やはり親父の死がきっかけでした。

47ページに書きましたが、親父が亡くなったあと軽いうつ状態になっていた僕を、当時お世話になっていた会社の社長が**天河大辨財天社**に連れていってくださったことが始まりです。

天河神社は、女神の弁財天様（市杵島姫命《いちきしまひめのみこと》と同一神ともされる）がご祭神。女神の女性性が満ちていて、とても優しい愛のエネルギーを感じることのできる神社です。当時、ボロボロだった僕は、その優しいエネルギー、愛の波動にふれてとても癒されたのを覚えています。

「ここから立ち上がろう！　親父や家族のためにも」

意識が癒されることで、自然にそう思うことができたのです。実際にやる気も湧いて、営業成績をグンと伸ばすことができました。

それからは、自分と相性がいい神社なんだろうなと大好きになり、時間を見つけては天河神社へ通うようになりました。

あるとき、宮司さんのご祈禱《きとう》に合わせて祈ると、手にぴしゃんと水滴が落ちてきた感覚がありました。

しっかりとした屋根があり、雨漏りなんてするはずのない立派な社殿なのになぜだ

ろう？と不思議に思ったのですが、ふと、

「あ！　天河は〝水の神様〟だ！」

と気づいたのです。

僕が水滴を感じたのは、きっと弁財天様からのなんらかのサインなのかもしれない！　そう思ったとき、ふと言葉が降りてきました。

「安全安心にっこり社会」

この言葉に、ものすごくワクワクしたのです。

「そうか。僕はみんなが安心して安全に暮らすことができて、いつもにっこり笑っている社会をつくりたいんだ。そのために僕は生きよう！」

そこで初めて**「自分の志」**を立てることができました。

親父の死をきっかけに導かれた天河神社。そこで僕は自らの「志」を立て、未来を力強く生きる力を得たのです。

それからも天河神社に参拝するたびに、癒されたりワクワクしたり、奇跡的なご縁をいただいたりと、いわゆる運が良くなる体験をしてきました。

はじめは、どうして神社に行ってお祈りするだけで人生が好転するのかわかっていませんでしたが、しだいにその仕組みが見えてきました。

神社では最初に、「祓《はら》いたまえ、清めたまえ」と唱えて、心身のケガレを祓い清めます。さらに、神社の清浄な空間に身をおくことにより、神社にいるだけで日頃のストレスや苦しみ、悲しみなどの自我が癒やされてスッキリします。自我がゼロ化されて、真心に戻るのです。そうすると、意識に余白《スペース》ができます。

意識に余白《スペース》ができると、そこに「待ってました！」とばかりに、**天からの応援が入って、僕たちの意識が愛の意識になる**のです。

その結果、参拝前よりも純粋な愛の意識が高まることで（和平さんの言葉をかりて言うなら「まろアップ」）、奇跡のような嬉しい出来事が起きていくのです。

もしクローゼットの中が服でパンパンの状態だったら、そこに新しく買った服は収納できません。着なくなった服を処分するなど（クリーニング）してスペースをつくれば、今の自分に似合う新しい服を入れることができます。

それと同じように、意識もクリーニングしてスペースをつくることが大切なんです。

自分の意識をクリーニングする方法の一つが、神社に参拝することです。

僕たちが苦しいときほど、追いつめられているときほど、神社に参拝して、祈ったり願ったりすることで、天とよりつながりやすくなって、天から応援を受けることができるのです。

故人が結ぶご神縁

神社の神様にご挨拶に行くことや、神様に祈ることとは、「死を力に」する方法の一つ。

なぜなら、**神様と呼ばれる存在も、もともとは人間だった**と思うからです。

神社を参拝するうちに、そこに祀《まつ》られている神様を調べるようになりました。その

図3　意識の余白に、天からの応援が入る

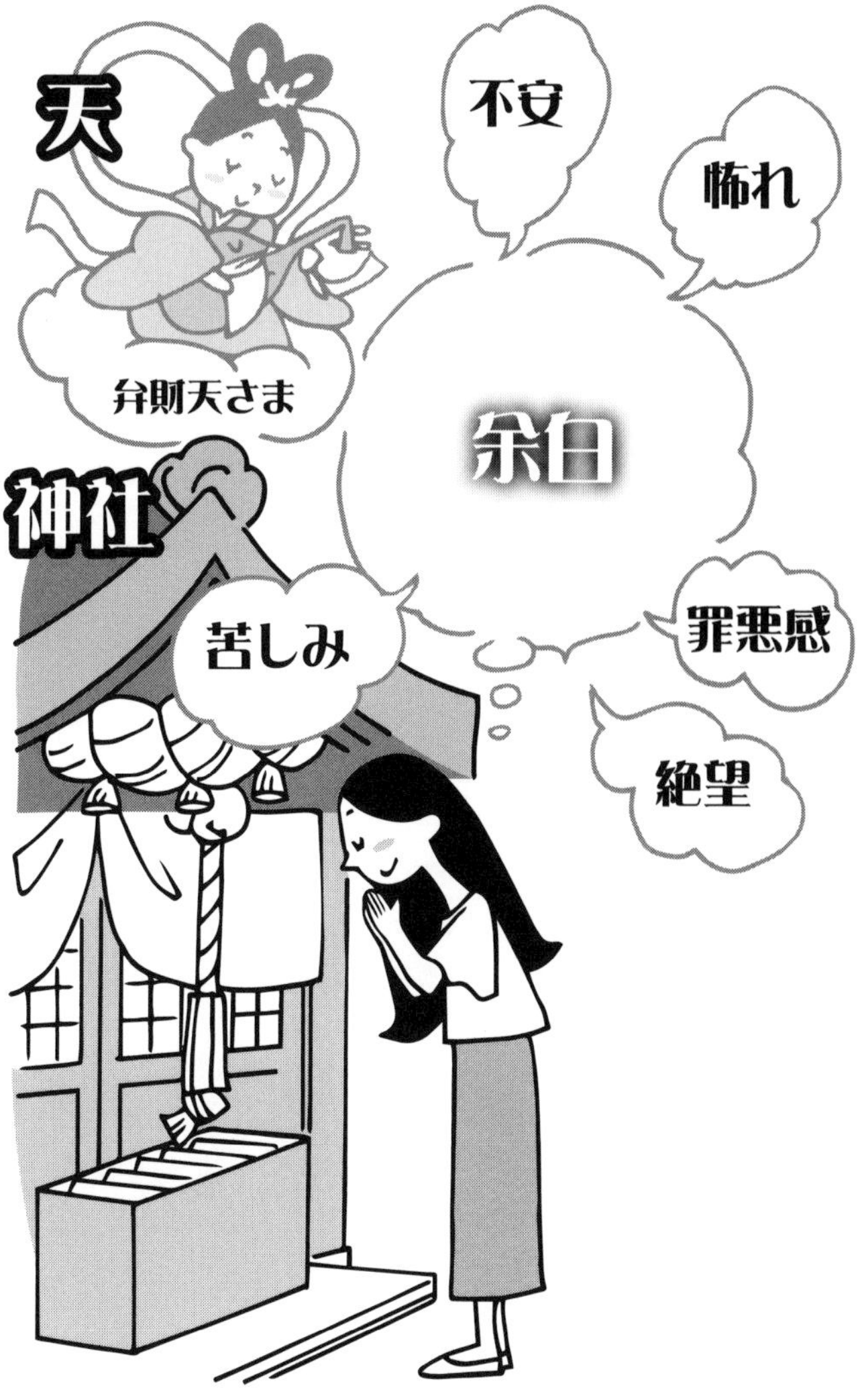

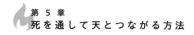

結果、僕が到達した結論は、神様とは素晴らしい業績を残した人間が神様扱いされて神格化した存在だということです。

神様として崇《あが》められている存在も、亡くなった元人間たち。

だから、神社を参拝し、祈ることは、**神様たちの「死」から力を得る方法**だといえるのです。

さらに、神様とのつながりを取りもってくれる存在がいます。

それが、亡くなったあなたの大切な人。

あなたの人生の中で、自分と仲が良くて波長が合う人というのは、必ず一人はいると思います。家族でも親戚でも親友でも仕事仲間でも。今生きている人だけでなく、故人でも。

いつも自分のことを助けてくれて、応援してくれる人が、きっといますよね。その人がこの世を去ったとき、〝天〟の世界で、あなたのために**神様とやりとり**をしてくれているのです。

僕の場合は、大好きな親父と祖父、そして和平さん。他にも、僕が意識できていないだけで、僕を大切に想ってくださっている数多くのご先祖様がいます。

その方たちが、神様とやりとりをして、僕の助けとなるご神縁を結んでくれていることを思うと、とても感動します。

そう自覚してからというもの、神様や目に見えない高次元の存在と、よりご縁が増えてつながりやすくなったのを感じます。

「大好きな親父とおじいちゃん、和平さんたちがつなげてくれたんだな」

そう思うと、神様とのご縁をよりありがたく感じ、神様のことを大好きになります。するとと、神様も僕を大好きになってくれて、**まさに相思相愛。**ものすごく応援してくれるようになるのです。

ほかにも僕は年に一度は必ず神宮（伊勢神宮：お伊勢さん）に参拝します。お伊勢さんの主祭神である天照大神《あまてらすおおみかみ》様にご挨拶する際、おすすめの順序があります。

神宮には、内宮《ないくう》と外宮《げくう》がありますが、先に外宮に参拝してから内宮に参拝するのが基本です。

その後、天照大神が祀られている内宮のご本殿に行く前に、五十鈴川《いすずがわ》に立ち寄ってお清めをして、五十鈴川を守護する水の神「瀧祭神《たきまつりのかみ》」にご挨拶します。

瀧祭神は、社殿のない石神《いしがみ》として祀られていて、ひっそりと佇《たたず》んでいるので、あまり気づかれないかもしれません。

でも、とても重要な神様です。実は、瀧祭神は神宮ではいわゆる**受付の神様**。天照大神様へのお取次ぎ役なのです。

そこで、まずは瀧祭神に、

「○○（住所）から参りました山本時嗣です。天照大神様にお取次ぎのほど、よろしくお願いいたします！」

と、僕の中では、忠義心の高い武士の家来《けらい》が主君にご挨拶するようなイメージでお祈りし、自分を盛り上げてから、ご本殿に参ります。

すると天照大神様は、

「おぉ、よくぞ参った。瀧祭神からそなたのこと聞いておるぞ。大義であった」

と言ってくれているような気がして盛り上がるのです！（笑）

まあ僕の妄想はさておき、瀧祭神に事前に取次ぎをお願いしておくと天照大神様に認識していただけるので、より祈りや願いが通じやすくなるといわれています。なんだか、すごく人間社会っぽいなと思います。

この瀧祭神のような**神様への取次ぎ役を、実は、亡くなった大切な人が天で担ってくれている**のです。

もしこれまで神宮に参拝された方で、このご挨拶の順序を知らなかったとしても残念に思わないでくださいね。大丈夫です。あなたの大切な故人が、〝事前受付〟してくれていますから。

僕の場合だったら、親父が天照大神様へこんなふうに取次ぎをしてくれていると思っています。

「天照大神様、私の大切な息子がこれからご挨拶に参ります。彼はあなたの助けを必要としています。どうか、祈りと願いを聞いてやってください」

あなたの大切な故人は、あなたに今必要な助けがどんなものか、わかっています。

だから、その助けになってくれる神様とのご縁をつないでくれるのです。

急に神社に行きたくなったり、今までご縁がなかった神様に突然惹かれたり、ふと神社の情報に目が留まったり、友だちから「一緒に神社に行こう」と誘われたり……。

この背景には、陰ながら神様とのご縁をつないでくれようとしているあなたの大切な故人がいます。

なので、そんなときは、ためらわず、ぜひ行ってみてくださいね。

故人は人と人をつなぐ仲人

亡くなった大切な人がつないでくれるのは、実は神様だけではありません。

人と人とのご縁をつなぐ仲人役も、僕らが知らないうちにやってくれているのです。

僕は神社を参拝すると、そこで偶然に知り合いにバッタリ会ったり、神社でご縁をいただいたりした方と、お仕事をご一緒するようになることが多くあります。
「あ〜これは和平さんがつないでくれたご縁だな」
「この人は親父がつないでくれたんだな」
ご縁をいただいた方のプロフィールやきっかけから、そんなふうに感じることが増えました。

ここで、故人がつないでくれたと確信している、**２００８年に起きた実話**をご紹介します。

天河大辨財天社の主祭神「秘仏」日輪大辨財天像と、御神体の後醍醐天皇像と役《えんの》行者《ぎょうじゃ》像は、60年に一度だけ公開されます。しかし２００８年、「時勢の悪化を憂慮して」という理由で、本来の予定を大幅に早めて特別公開されるというビッグニュースが入ってきました。

日本中、世界中から参拝客が集い、本殿前は大行列。やっとのことで御神体がある本殿まで上ったら、そこは３人（３組）が横並び一列になり拝観できるようになっていました。

やっと自分の番が回ってきて、御神体を前にして感動していたのですが、ふと右横を見たら、同じ列にいた3組のうちの一人が、知り合いの出版社の方だったのです！

異業種交流会でたまたま一度ご縁をいただき、ご挨拶しただけの関係性で、天河神社のこともお話ししたことはありません。

でも、お互いに東京から参拝して、しかも同じ列の一人として一緒に拝観したという奇縁から、

「もしかしてこれは、天河の神様がつないでくださったご神縁なのではないか？」

とお互いに思ったのです。

そこで、そのときちょうど企画していた和平さんの本の出版の話をしてみました。

当時の僕は、まだ作家プロデュースのお仕事はしていなかったので、出版社の方に直接、企画の話をするなんて初めてのこと。とてもドキドキしました。

その方は書籍編集部ではなく、ＩＴデジタル局に在籍されていたのですが、なんと知り合いの編集者に掛け合ってくれるというではないですか！

それから企画がトントン拍子に進み、すぐに和平さんの本の出版が決まったのです！　しかも、日本一の出版社ともいえる講談社だったのです。

すでに他社から数冊出版されていた和平さんは、「日本一」が大好きな方なので、講談社のファンでした。そのため、和平さんがとても喜んでくれたことが嬉しく感動しました。

天河の神様に感謝して、すぐにお礼参りしたのは言うまでもありません。

実は、**これがプロデュース第一号となり**、これを機に天職ともなった作家プロデュースの道が切り拓かれていくことになったのです。

親父の死をきっかけに天河神社にお参りしたので、天にいる親父が陰で神様につないでくれたのだと確信しています。

僕が天職を始められるように、親父がお膳立てしてくれていたのだと深く感謝しています。

そこに和平さんが絡んでいることからも、**親父は自分の代わりになるメンターとし**

で和平さんと出逢えるように取り計らってくれ、天河の神様とのご神縁も取りもってくれたのでしょう。

こんなふうに、「まさかこんなところで会うなんて！」というご縁は数えきれないほどあります。それに神社でご縁をいただくと、お互いにご神縁だと感じざるをえず、理屈抜きで仲良くなるのです。

神社でつながるご神縁は、ご縁の強さが違うなと感じています。

天で神様への事前受付はもちろん、お互いの大切な故人同士で相談したり交渉したりして、残された僕たちが最高のタイミングで出逢えるように手配してくれている。

そう思うと、**余計にご神縁を大切にしたくなります。**

あなたの最大の応援者は亡くなった大切な人

人はときどき、あの人に連絡してみようかな、神社に行ってみようかな、などと思うことがあります。

あるいは、立て続けに同じ神社の名前を見聞きするとか、自分の意思ではなく誰かに誘われて神様に所縁《ゆかり》がある土地を訪れることもあるでしょう。

そんなふうに、ふと思ったことや人からの誘いに素直に従うと、結果として昇進したり、重要な人物とのご縁が深まったり、人生が好転したりと、奇跡のようなことがたくさん起こります。

それにはどんな原理が働いているのでしょうか。

ここで再度、田坂広志さんの『死は存在しない』を開いてみます。

我々の心の奥深くの無意識の世界に、「すでに他界した肉親に導いてもらいたい」「すでに故人となった肉親に守ってもらいたい」といった想念があるからであり、その想念が、ゼロ・ポイント・フィールドに存在する肉親の「超自我意識」を通じて、「必要な情報」や「良い情報」を引き寄せるからである。

（中略）

（その）想念は、愛情や思慕と結びついたポジティブな想念であり、つまり「自我」（エゴ）が強く表れた想念ではないため、我々の無意識が、ゼロ・ポイント・フィールドにつながりやすくなるのである。

ここで注目したいのが、**「肉親に導いてもらいたい、守ってもらいたい」**という「想念」があるから、故人とつながって情報を引き寄せるということ。

良い情報がほしいから、自分が成功したいからという「自我《エゴ》」が先にあっては、つながりづらいということ。

ポジティブな想念があることで、「超自我意識」、つまり**「愛の純粋意識」の故人とつながって**、実際に導きや守護がもらえるということなのです。

ということは、残された僕たちがどんな意識・想念で故人を想っているのかが、とても重要なポイントになりますよね。

僕たちの意識が自我《エゴ》にまみれていたら、ゼロ・ポイント・フィールドにつながることができず、故人の意識ともつながることができません。それゆえ故人が応援してくれていたとしても、その応援は僕たちに届かず宙に浮いてしまいます。

亡くなった人たちは、自我を超えた「愛」の意識そのもの。

残された僕たちを応援して、必要な情報やサポートが届くように、無条件に愛を送り続けてくれているのです。

その応援を受けとれるかどうかは、僕たちの**「純粋意識」**にかかっています。

１００％「愛の純粋意識」として天にいるあなたの大切な人は、あなたの**最大の理解者であり応援者**です。

天から届く愛の応援を、感謝して素直に受けとって、幸せに豊かに生きる力に変えていきましょう。

あなたが愛を受けとれば受けとるほど、故人も神様も〝天〟全体も喜んで、さらに強力な応援団となってくれますよ。

―第6章―

死から始まる愛の循環

故人に感謝をすると全宇宙に愛を返せる

これまでの日本では、「悼む」発想から、お墓参りをしたり仏壇に手を合わせたりすることが一般的だったと思います。

しかしこれからは、死を悼むのではなく、「死を力に変える」という発想でお墓参りや仏壇に手を合わせるようにしてみるのはいかがでしょうか。

そうすることで、今生きている僕たち、ひいては宇宙全体が、愛と感謝にあふれる素晴らしい世界をつくることができると思うのです。

なぜなら、死というのは、**愛と感謝の循環の始まり**だからです。

和平さんから「ありがとう100万遍」をするといいよ、と教わりました。感謝することで愛を受けとる準備ができることを教えてくれた和平さんに感謝し、僕は今も「ありがとう100万遍」を実践しています。愛を受けとり感謝し、愛を与えて感謝される。つまり、自分から愛と感謝の循環を起こすことができるのです。

僕はさらに今、毎朝「八方拝《はっぽうはい》」をしてから一日をスタートするようになりました。

そのきっかけは、『決めれば、叶う』（浅見帆帆子・Honami共著、KADOKAWA）の中で、たくさんの成功者が「六方拝」を朝の儀式としていることを紹介されていたことです。

これは素晴らしい！とワクワクし、僕流にアレンジして「八方拝」として実践しています。

ここで、僕流の「八方拝」をご紹介します。

八方拝の方法

朝起きたらすぐ、次の八方向に向けて、正座で礼をしながら感謝します。

東・産んでくれた父母、祖父祖母、代々のご先祖様たちへ。その行き着く先は宇宙の根源までイメージして「産んでくれたことへの感謝」を捧げる。

西：家族・親族・子どもに向けて、「おかげで今を楽しく未来を楽しみに生きていることへの感謝」を捧げる。

南：今までお世話になった恩師や大切な方々、メンター、直接お会いしていなくても尊敬して学んだ方に向けて、「今もなおいつも導いてくださることへの感謝」を捧げる。

北：親しい友人やビジネスパートナー、仲間、知人たちに向けて、「いつも応援しあって、助けてくれることへの感謝」を捧げる。

上（天）：太陽、星、空気、宇宙全体に意識を向けて、「この宇宙が完璧に動いているから生きていられることへの感謝」を捧げる。

下（地）：地球、水、動植物、微生物に意識を向けて、「この地球で無事に生きていられることへの感謝」を捧げる。

正面（正座したまま）：自分自身の肉体に意識を向けて、「いつも健康に動いてくれていることへの感謝」を捧げる。

背面（正座したまま）：人生のパートナーに意識を向けて、「いつも一緒に生きて支えあってくれることへの感謝」を捧げる。

全部で3分もかかりませんが、この儀式をするだけで、「純粋意識の愛」を受けとりやすくなり、亡くなった大切な人たちやご先祖、今生きている家族や仲間、尊敬する人たち、地球、宇宙……と、ありとあらゆる「すべて」とつながることができます。

僕たちはどんなにポジティブな意識でいようと心がけていても、朝起きたときは、何か不安や憂鬱《ゆううつ》な気分を感じていたり、無意識にネガティブになっていたりすることがあります。

「昨日はちょっと飲みすぎたな……」

という朝も、オトナならありますよね（笑）。

そんな、心や体が本来の自分ではない状態だったとしても、朝起きて「八方拝」をすると**精神が落ち着き、スッキリするのです**。体感覚としても、気持ち的にも「あたたかさ」に包まれる感じになります。

「八方拝」を始めてから、「運が良い状態」がより安定するようになったと感じています。

加えて、「共感」をする力も高まったと感じています。

初対面の人の大好きなことや大切にされていることに、**以前よりも「共感」ができるように**なりました。相手の話をただ聞くのではなく、心から聞きたいと思うようになったのです。おかげで、すぐに打ち解けて、信頼関係を結びやすくなってきたと感じます。

僕は長男で、いわゆる長男気質です。

ついつい一人で頑張ろうとするし、誰かに頼ることがとても苦手でした。いわゆる〝受けとり下手〟なのです。

「こちらが何もしていないのに、助けてもらうなんて申し訳ない」という気持ちが先立っていたので、相手からの愛を受けとることを自分でシャットアウトしていたのです。

でも「八方拝」を始めて、すべてに感謝する意識をもてるようになり、自然に〝受けとり上手〟に変わってきたのです。僕にとっては、これはかなり劇的な変化でした。

人に褒められたり、とても嬉しい提案やサポートをしてもらったりしたときに、

「ありがとう!!!」

と、感情を強くこめて感謝の気持ちをお伝えするようになりました。

すると、愛と感謝の循環がさらに良くなり、より大きな愛を感謝して受けとること

ができるようになりました。すると自分からも、より大きな愛を出せるようになったのです。

愛と感謝の循環で生きると、同じように愛と感謝の循環で生きている人たちとのご縁が自然とつながっていきます。

愛と感謝の循環で生きる人のご縁が世界中に広がっていくことで、亡くなった大切な人たちを通じて天とも愛と感謝でつながることにもなります。ひいては、宇宙全体を愛と感謝で満たしていくことができるのです。

形見分けで故人とシンクロすると起こる奇跡

大切な人を亡くした経験がある方は、**故人の形見**を分けてもらっていることでしょう。その形見、どうしていますか？　家の中のどこかに大切にしまっているでしょうか？

もちろん大事にとっておくのもいいのですが、思いきって**日常的に使う、身につけ**

ることをおすすめします。それは、亡くなった人からの愛を受けとって、死を力に変える方法の一つだからです。

僕も形見を分けてもらいました。

親父からはビジネススーツ、和平さんからは作務衣《さむえ》とちゃんちゃんこです。

親父はビジネスマンだったので、スーツを何十着も遺してくれました。

20代の若者が着るにはダボダボのダブルスーツだったのですが、お金がなかったこともあり、そのスーツを着て営業に回っていました。

親父のスーツを着ていると、無意識に親父っぽい仕草をしたり、思考回路や性格が似てきたりして、親父が乗り移ったみたいでした。

僕は親父をとても尊敬していたので、スーツを着るだけで親父っぽくなれることがとても嬉しかったし、やる気も上がりました。半分が親父、半分が自分のような感覚で、**パワフルに仕事をすることができた**のです。実際、形見を身につけるようになってから、営業成績もグンと伸びました。

和平さんの形見として受け継いだのは、生前よく着ていた大島紬《つむぎ》の作務衣。それに加えて、黄色いちゃんちゃんこ、そして腰（丹田《たんでん》）に巻いて着ける和平さん特製の、福の神えびす様をかたどった純金メダルです。

これらすべてをフル装着すると、和平さんとの**シンクロ率が100％に！**（『エヴァンゲリオン』を思い浮かべた人、正解！）

和平さんの「まろ」パワーも満タンになって、体も熱くなるし、座り方まで和平さんそっくりになるし、和平さんが天の〝向こう〟からものすごく応援してくれているのを感じます。

まるで二人羽織《ににんばおり》をしているように、和平さんの力が僕にチャージされて、手足がなんとなく勝手に動くぐらいなのです。

モノにも魂が宿るといいます。

形見を身につけたり使ったりすると、モノに宿っている大切な故人の魂と直接つながることができる、その死を力に変えることができると、僕は信じます。

きっと故人からしても、自分が生前大切に使っていたものを同じように大切に使ってもらったら嬉しく感じるだろうし、使ってくれる人のことをもっと応援したい気持ちになると思うのです。

こうして故人とのシンクロ率が上がると、**自分一人の力では成しえなかったことができるようになったり**、数多くの奇跡的サポートをどんどんもらえたりするようになります。

だから、もったいないとか、軽々しく扱ってはいけないなどと思わず、故人の形見はどんどん使っていきましょう。

えびす様の化身が誕生⁉

「愛の純粋意識」に溶け込む臨死体験をされた和平さんは、

「幸せだったから、このまま生き返らなくてもいいなと思うぐらいだがね（笑）」

と冗談半分に言っていました。

あるとき僕は「和平さんの一番のメンターは誰ですか？」と聞いたことがあります。するると、「えびす様」だと言うではありませんか！。

「え、神様ってメンターにできるんですか⁉」

当時の僕はビックリしたのですが、和平さんは本気でえびす様をメンターにしていました。

メンターにしていたというより、「えびす様」のように生きようとしたと言ったほうがいいかもしれません。

和平さんは、

「**自分とは、自然の一部、分身のこと**なんだがね」

と、よく言っていました。和平さんは自分の中にいる**「自然意識」「神様意識」**で生きていた人でした。

ここで、和平さんがなぜ「えびす様」として生きるようになったのか、その経緯をお話しさせてください。

あるとき和平さんはロータリークラブの旅行で、四国の「こんぴらさん」（金刀比《ことひ》羅宮《らぐう》）を訪れました。その日は雨が降っていたので、和平さんはほかの人とは別行動することに。

神社参拝を習慣にされていた和平さんは、雨でも行きたくなったのでしょう（おそらく実際には神様から呼び出されたのかと）、独りで琴平山にある金刀比羅宮まで行くことにしました。

金刀比羅宮のご祭神は大物主神《おおものぬしのかみ》ですが、大物主神の御子《みこ》である事代主神《ことしろぬしのかみ》が、本宮の手前にある「事知神社《ことしり》」に祀られています。

この事代主神の別名こそ「えびす様」。事代主神はよく魚釣りをしている神様として描かれていますが、まさに七福神でよく描かれているえびす様のイメージです。

和平さんは、７８５段もある金刀比羅宮の階段を上って本宮にお参りをする前に「事知神社」でも手を合わせられます。

このとき、手を合わせながら、自然とこんな言葉が口から出たそうです。

「えびす様、どうぞ私をお使いください」

そうお参りをした瞬間、和平さん曰く、

「えびす様が体の中に入ってきた感覚があったがね！」

とのこと。和平さん、なんと金刀比羅宮で〝えびす様化〟してしまったのです！

えびす様が体に入っている感覚のまま階段を下って帰ろうとした和平さんですが、このときから脚がふわふわするようになったといいます。

実はえびす様、筋骨隆々の神様ではなく、釣りばかりしていてあまり動かないので、脚が丈夫ではなかったのではないかと思われます。

和平さんは、えびす様とつながって〝えびす様化〟したと思ったら、なんと体の特徴まで移ってしまったらしいのです。

とにもかくにも、和平さんは心も体も、えびす様の化身《けしん》となって生きる！と決めてから、最期まで「神様意識」でいたのだと思います。

福々しくて穏やか、満面の笑み、ドーンと腹の据《す》わった座り方。みんなを笑顔にすることが大好きという和平さんの在り方は、まさにいつも笑顔の〝福の神〟えびす様そのもの。

そして実際に、**商売繁盛と金運のご利益がある福の神のように、「日本一の個人投資家」「幸せな大富豪」と呼ばれるほどの豊かさを体現されました。**

「神様意識」で生きる

2022年12月。僕は、愛と勇気のヒーロー音楽ユニット「LOBRAVE（ラブレイブ）」のメンバーになりました。

ラブレイブは、リーダーのゼウスを中心に、アポロン、スサノオ、ラー、ホルス、ヘラクレス、ハデス、ポセイドン、エンマ、ココペリ、ミロク……と、メンバーはみんな神様の名前を芸名にした**〝神様ヒーロー〟**集団なのです。

僕は、もちろん「EBISU（エビス）」。えびす様の化身として生きた和平さんの志を継承する弟子ですから。

ラブレイブメンバーが神様の名前を芸名にしているのは、**一人ひとりが神様の分身として生きるため、**つまり**「神様意識」で生きる**見本になるためです。

宇宙の「源」意識であるゼウ氏は、ラブレイブリーダー・ゼウスに、

「ラブレイブのみなさんは神の名を名乗っていますが、それは自分から名乗っているのではありません。その神から名を授かっているのです」

と、教えてくれました。

僕たちメンバーが勝手に名乗ったつもりでいても、実は神様のほうから、**「自分と同じように生きてくれ」と、名前とともにその志と願いを託されている**というのです。

事実、ラブレイブのメンバーは芸能活動をしていないときも、「愛と勇気のヒーロー」として生きています。最初はしっくりこなくても、自分が名前を授かった神様の分身として、生きる自負と自信がどんどんついてくるようです。

僕も自己紹介で「ＥＢＩＳＵ（エビス）です」と言いながらＬＯＢＲＡＶＥ　ＥＢＩＳＵの名刺を配っています。すると、相手がえびす様として見てくれるようになるのも手伝って、まさに、えびす様のように意識が変わり、幸せな体験も増えていきました。

神様意識で生きることは、ラブレイブのメンバーにならずとも、誰にでもできます。もちろん男性神のヒーローだけじゃなく、女神のようなヒロインにもなれます。

みなさんにも、好きな神様、なぜかわからないけど妙に惹かれる神様っていませんか？

この**〝なぜかわからないけど〟**がポイント！　明確な理由なんてなくても、自分が惹かれるというのが、その神様と意識が共鳴し、つながっている証拠です。

日本の神様だけではなく、海外に暮らした経験がある人や、キリスト教になじみが深い人は、イエス・キリストや聖母マリア、マザー・テレサに惹かれるかもしれませんね。

神様と呼ばれていない存在であっても、自分が好きならOK。ぜひピックアップしてみてください。

そして、その**「神様（存在）意識で生きよう！」**と思ってください。

では、神様意識で生きるには、具体的にどうしたらいいのでしょうか。

まずは、その神様のことを**よく知ること**です。

メンターや師匠と呼べる人がいたら、その人の著書を読んだり、話を聞いたり、経歴を調べたり、考えを学んだりするのと同じです。

その神様はどんなことをしたのか、どんな神話に登場しているのか、「ご神徳《しんとく》（神様の功徳《くどく》。これをいただくことがご利益《りやく》）」は何か……など、その神様のことを知るようにしましょう。

僕たちが神様のことを知ろうとすればするほど、神様は喜びます。知れば知るほど**相思相愛**になって、神様とのシンクロ率が高くなるのです。

あとは、自分の職種や職業に関係する神様も知っておくといいですよ。

経営者なら商売繁盛と金運がご神徳のえびす様、芸能系なら弁財天様など、自分の職種・職業に関係するご神徳から神様を選んで、その神様意識で生きることも楽しいですね！

実際やってみるとわかりますが、その神様のご神徳だと感じる出来事が起きるようになると思います。

ワクワクですね！

これまで多くの宗教家が言うところの「神様」と「人間」の関係は、とても強い上下関係を基本としていました。人間は神様を畏《おそ》れ、崇め奉《たてまつ》ったり、すがったりしてきたのです。

でも、これまでの古い世界がどんどん壊れていき、新しい世界が始まろうとしている今。

もうそろそろ、神様と人間は**同じ志を成し遂げるためのパートナー**として「フラットな関係性」で付き合ったほうがいいと思っています。

なぜなら、神様意識で生きる人は、お互い相思相愛になって、神様の志や願いを肉体がある人間が代わりに叶えるという、持ちつ持たれつの間柄になれるからです。

人間同士でも、利害が一致するビジネスパートナーとは、お互いに敬意を抱きつつも、フラットな関係性で仕事をします。それと同じことだと思います。

また先述しましたが、神様はかつて肉体をもって人間として生きていた存在でもあります。

肉体は死んでいますが、神様たちの「愛の純粋意識」は今なお生き続けています。

つまり僕たちが「神様意識」で生きるということは、大切な故人の死を力に変えるのと同じように、元人間だった神様の死を力に変えて生きるということ。

「もし、この神様が今のこの世界に生まれていたら、どんな生き方をしているだろう」

「どんなふうに仕事をして、どんなふうに人に接しているだろう」

そんな問いを常にもちながら生きるようにすると、**〝神様のような〟生き方ができるようになりますよ！**

〝福の神〟として生きると人生１８０度変わります

僕が２０２２年12月に「ＥＢＩＳＵ（エビス）」になってからというもの、現実が目まぐるしく動いて急展開しました。もちろん良い方向に。

２０２３年２月に、仕事の打ち合わせで香川に行く機会があったのですが、宿泊先の宿がなんと和平さんがかつてえびす様に同化した「こんぴらさん」の目の前。「これは和平さんとえびす様からお導きをいただいた！」と直感し、とても感動しました。自分がＥＢＩＳＵとして生きていくうえで、金刀比羅宮への参拝は必須の儀式だと思い、前々から行きたいと思っていたからです。

１泊２日だったので、当日の夕方と翌日の午前中の２回参拝したのですが、なんとその２回の参拝中に、連絡がどんどん入り、仕事の関係で以前からお会いしてみたいと思っていた方４名と、次々とお会いできることになったのです。

僕からは何も動いていなかったので、まさかの展開でしたが、ここまでわかりやすいご神縁はありません（笑）。

「あ～さすが、えびす様は商売繁盛の〝福の神〟だな～」

と、あらためて深く感服しました。


このときの参拝では、スピリチュアルな感性の高い山田ヒロミさん（大和出版『宇宙とつながる〝お部屋の魔法〟』著者）とご一緒していたのですが、ヒロミさん曰く、**和平さんも僕たちと一緒にいてくれた**とのこと。

「和平さん、とってもニコニコの笑顔をしているよ」

和平さんが成し遂げたかったことをしようとしている僕のことを、とても喜んでくれているみたいです。

「こんぴらさん」への参拝がきっかけになり、えびす様だけでなく、和平さんともそれまで以上につながることができるようになったのだと、僕は深く感謝しました。


ここで僕が学び得た、**「死を力にする」えびす様の「真実」**をお話ししましょう。

和平さんが生前化身《けしん》として生きて、僕もそう生きると決めた「えびす様」は、たくさんお名前をもたれています。

漢字だけでも、恵比寿、恵比須、恵美須、恵美寿、戎、蛭子とさまざま。

また、えびすと読まない別名としては、事代主《ことしろぬし》（大物主《おおものぬし》〈大黒〉の御子）、山幸彦《やまさちひこ》（天照大神の孫瓊瓊杵尊《ににぎのみこと》の御子）とも呼ばれています。

ではなぜ、商売繁盛、金運をもたらす福の神として、これほどまで日本中にえびす信仰が生まれたのでしょうか。

それは、当時の人々が、砂浜に打ち上げられた漂着物を神聖な神と崇め、「えびす」と呼んでいたことに由来します。海からの漂流物は、異国より福をもたらすものとされたのです。

この**「海からの漂流物」とは何か、というと、それは「蛭子《ひるこ》」**でした。

『古事記』では、日本で最初の夫婦神・伊邪那岐命《イザナギノミコト》と伊邪那美命《イザナミノミコト》の初子《ういご》として生まれたのが、蛭子《ひるこ》神として描かれています。

しかし、手と足がない蛭《ひる》のような姿だったともいわれ、姿形をとどめない流産状態で生まれたため、生まれてすぐ海に流されてしまったのです。

生まれた場所の淡路島の海から漂流した蛭子《ひるこ》神は、現・西宮《にしのみや》の浜に流れ着き、西宮神社（えびす総本宮）のご祭神となったという経緯があります。

これだけ読むと、両親に海に捨てられたとは、なんともいたたまれない話ですが、実はこの**蛭子神はいったん死んでから蘇り、えびす様として復活した**というのです。

つまり、えびす様は、**〝一度死んで蘇った神様〟**。海に流されて死ぬという、とてもつらくて苦しい死の通過儀礼をくぐった後、自らの死をパワフルに生きる力に変えて、見事人々に商売繁盛と金運をもたらす「福の神」として蘇った神様だったのです。

そして僕はこの日以来、和平さんだけでなく、えびす様とのシンクロ率が高くなった感覚がありました。

それは、まさに蛭子《ひるこ》からえびす様に生まれ変わったかのようなものでした。

それまでも作家をプロデュースする仕事を通して、作家仲間の志や夢の応援をしてきましたが、「ＥＢＩＳＵ」になったとたん、作家仲間が始めたＴｉｋＴｏｋの動画が突然バズり１００万回以上再生されたり、テレビへの出演オファーが来たりと、嬉しいことが次々と起こり始めたのです。

「これが、〝福の神〟えびす様として生きるということなのか……」

そう実感し、改めてえびす様に深く感謝しました。

episode 4

ラブレイブ　ゼウスさん

本名：重松昌二郎。「ＬＯＢＲＡＶＥ」リーダー。御典医《ごてんい》で特殊治療を受け継ぐ医師の家系に生まれる。数度の挫折を経て経営を学び、サイバーエージェントの兄弟会社の役員に就任。その後、韓国のゲーム会社の日本法人代表に就任。柔道整復師及び鍼灸師《しんきゅうし》の国家資格を取得し、エネルギー療法を専門とする治療を始める。株式会社SUN & MOON設立。ヒーローとしての活動を始め、２０２２年、ＬＯＢＲＡＶＥのメジャーデビューを達成。

本気で自分の名前を生きると覚悟すると〝神化〟が起こる

物心ついたときから仏教童話で育ってきたため、ご先祖様を大切にすることや、死後は天国と地獄があるという世界観をもっていました。特に僕は、**水子地蔵の生まれ**

変わりだと言われて育ったんです。

地元・久留米の成田山にある水子地蔵は僕の実家である重松家が建てたのですが、年の離れた三きょうだいの末っ子として生まれたことで、「お地蔵さんを建てたから生まれた子」と言われていました。

世間的には水子はあまり良い印象をもたれていません。自分としては妙な気分でしたが、そこから水子に関して長年、研究してきました。

その結果わかったのは、**魂の中でももっとも無邪気な魂が水子**だということ。純粋で可愛らしい魂ゆえ、神様も水子の頼みは断れない。だから、水子の応援を得られると、天も願いを聞き入れてくれます。

そもそも水子は、生まれる前にこの世を去った魂。「流産《りゅう》」ですから、**水子は「龍《りゅう》」の魂**ともいえます。生まれてくることができなかったかわいそうな子は、おどろおどろしい存在ではなく、龍のエネルギー体としてお母さんのことを守ると決めてきた、健気《けなげ》で可愛らしい魂なのです。

僕はそんな水子地蔵の生まれ変わりと言われて育ったわけですが、23歳になったとき、進みたかった音楽の道を諦めたことで、「ダラダラ生きるよりも今すぐ死にたい」と思うようになりました。

死を考えるようになったときにふと、「そういえばお袋が昔、四国八十八箇所を回ってみたいと言っていたな」と頭に浮かんだのです。

「じゃあ、**〝死の国〟である四国**を歩いてから死のう」と決心し、東京を去る最後の夜。ある喫茶店に入ると、体が不自由な女性が口にペンを加えてボードに何か書いていました。その方に呼ばれて近くへ行くと、「あなたは四国へ行かれるのですか」と書いてあったのです！

僕はとても驚いたのですが、その女性は続けて、「あなたのおじいさんが行きたいと言っています。おじいさんが一緒だから最後まで回れます」と書いてくれました。すでに亡くなっている祖父が一緒にいる？　どういうことだ？と頭は真っ白になりましたが、その瞬間、孤独ではなくなったのを感じました。

それと同時に、**「祖父がやりたいことを、体を持って生き残っている僕が継ぐのか」**

と思ったのです。

「死のうと思っていたけど、四国巡礼を成し遂げることでお袋だけじゃなく、あの世にいるじいさんも喜ばせることができるのか！」

そう気づいて、そのまま泣き崩れました。

お遍路《へんろ》さんとしての巡礼中に、「もしここで死んでもじいさんが憑《つ》いているということは、中途半端な人生を生きたら迷惑をかけてしまう」と思うようになります。それまでは死ぬことでリセットしようと思っていたわけですが、死んでも目に見えない続きがあるんだと気づきました。

「死んでもこの人格のまま誰かに憑くことになるなら、これは大ごとだな」と。ある意味、死を逃げ道にできなくなったのです。

加えて、巡礼で手を合わせることで、拝まれているものは天へと上がっていくというエネルギーを感じました。ということは、死ぬ瞬間がどうであろうと、**死んだ後に拝まれるような人生を生きるべき**であって、死後どうなるかは、今をどう生きるかで決まるということ。死んだ後に拝まれることで、エレベーターに乗って上がり続けることができるわけですから。

死ぬまで功績を残すことには、特別な面白みがあることに気づいた僕は、「俗世界をどう生きるか」ということにスイッチが入ります。死への憧れは捨て、実業家として歩むようになりました。

祈りとは、生き様です。日々をどう生きるのか。それこそが祈り。僕が死んだ後、残した人たちに**「こんなふうに生きたい」と祈ってもらえるような生き方**をしたいと思って、今を生きています。

「LOBRAVE（ラブレイブ）」のゼウスと名乗るようになって、12年が経ちます。もともとヒーローの根本とは、神話に登場する神々だと思っていたので、AからZまでの名前が付く神様を集めようとしたのが活動の始まりです。実際に、「A」POLON（アポロン）と「Z」EUSU（ゼウス）の2人からラブレイブはスタートしました。

今はメンバーも続々増えていますが、世界中で準備ができた神がメンバーと一体となり参加してくれています。ようするに、メンバーは「神化」しているわけです。

神様の名前を名乗るだけでは、本当の意味での神化はできません。僕も全知全能のゼウスと名乗ったのはいいものの、最初の7年は名前との付き合い方を模索していました。

「神様の名前を名乗るなんて、おこがましくないだろうか。罰当たりなのでは？」と思っていたのですが、バリ島の孤島で波にのまれて死にかけるという経験をしたことで、「ひたすらしがみついてでも、命の限りやれるだけ生きよう！」と覚悟が決まりました。

命をかけてでも本気で自分の人生を生きると決める。それはある意味で、死を受け入れるということ。天からどんな采配が来ようとも、それすら受け入れる準備ができると、**人は神化する**ということがわかったのです。

神化するには、自分の名前を生きることが前提にあります。自分の名前、つまり自分の人生をかけて全うする使命を生きること。

そこには、家系のミッションも含まれています。先祖の志ややり残したことを、体を持って生きている自分がやり遂げる。それをクリアできると、本当の意味で神化することができます。

僕たちは自分の意識次第で、1000年前であろうと、1万年前であろうと、ご先祖とつながることができます。その延長には神様がいる。僕たちは、ご先祖と神々と、エネルギーラインで直接つながっています。

だからこそ、**自分の人生と家系のミッションを、この命をかけて生きると決め、天命を摑むことで、神化して生きる**ことができるのです。

第7章

死を生きる力に

死を力に変えていく

亡くなった人の死を、力に変えて生きていく。

それには、家族や友人、恩師など、大切な人の死はもちろんですが、生前に直接お会いしていない人たちの死も含まれます。

●災害で亡くなった方　●英霊　●家系　●土地

ここからは、この4つをテーマに、僕たちの**身近に存在する「死」をどう力に変えていくことができるのか**、お伝えしていきます。

●災害で亡くなった方

阪神・淡路大震災（1995年1月17日）、東日本大震災（2011年3月11日）、

コロナ禍（２０２０〜２０２３年）と、近年だけでも歴史に刻まれるような大規模な災害を僕たちは経験してきました。ほかにも、世界中で台風や水害などの自然災害が多発し、数多くの方たちが命を落としています。

読者のみなさんの中にも、災害によって親しい人を突然亡くされた経験がある方もいらっしゃるかもしれません。

災害で亡くなられた方たちの多くは、予期せぬ「突然死」だったと思います。残される大切な人に想いを伝えたくても、伝える時間がなかった。そんな後悔の念も強いと思います。

残された人たちは、亡くなられた方たちの死をきっと深く悲しんだことでしょう。

なかには、

「なぜ、**私だけが生き残ったのだろう？**」

と自分自身に問いかけ、亡くなった大切な人に何もできなかった後悔から、自暴自棄になったり、心を病んでしまったりした方もたくさんいると思います。

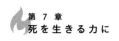

それでも、残された人は、今ここで、ともに残された大切な人のためにもがんばって生きていかないといけない。

自分の気持ちをどこに向けたらいいのかわからず、やり場のない怒りや悲しみに苛まれながら、目の前の現状に必死に立ち向かってきたことでしょう。

僕の誕生日は、年数は違いますが、阪神・淡路大震災が起きた日と同じ1月17日。その日、僕は栃木県で大学受験のセンター試験を受けていたため、地震に遭うことはありませんでした。けれども神戸が今のように復興するまでの20年ほどは、自分の誕生日を気持ちよくお祝いすることができませんでした。

また東日本大震災のときは、僕は大阪にいて被災こそしませんでしたが、福島大学卒ということもあり、被害に遭った福島在住の友人知人のことが自分事のように思われて、災害支援専門のNPOを最大限支援しました。

こういうと疑問をもたれるかもしれませんが、僕は、**震災で亡くなった方たちの魂**

が一致団結して、残された人たちのことを応援しているなと感じ、心を揺さぶられることがあります。震災の経験を力にして大きく飛翔している人を見ると、特にその思いを強くします。

その代表が、フィギュアスケートの羽生結弦《はにゅうゆづる》さん。地元・仙台でスケートの練習中に震災に遭い、4日間の避難所生活を余儀なくされたといいます。

「スケートなんてしている場合じゃない」

と、毎日考えていたところ、自分が通う高校の野球部が、避難所でボランティアをしながら春のセンバツ甲子園に出場し全力で戦っている。その姿を見て、羽生選手も再起したといいます。

「上を目指していくしか、自分にはできない」

周りの被災している人たちや、支援・応援をしてくれた人たちだけでなく、亡くなられた方々の魂の想いを力に変えたことが、この強い志を生んだのではないでしょうか。そして、この志が、オリンピック2大会連続金メダルという輝かしい結果につながったのだと思います。

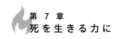

また、2023年のWBC（ワールド・ベースボール・クラシック）で日本が世界一になった立役者である大谷《おおたに》翔平《しょうへい》選手も、高校生のときに岩手の花巻東《はなまきひがし》高校で震災に遭った一人。野球部のチームメイトには家族を亡くしたメンバーもいたそうです。

震災から10年経ったときには、メジャー開幕前の会見で、

「少しでも被災地の力になれるように」

と語っています。そんな大谷選手には、きっと天からの応援がたくさん届いていることでしょう。

その大谷選手とともに、WBCのマウンドに立った佐々木朗希《ささきろうき》選手は、震災で岩手県陸前高田《りくぜんたかた》市の自宅が流され、父親と祖父母を亡くされています。

震災からちょうど12年経った2023年3月11日のチェコ戦でマウンドに立った彼のことを、お父さんたちが天から全力で応援したことは間違いないでしょう。

災害によって大切な人を亡くすという経験は、あまりにも突然で、無力感を感じる出来事だと思います。

その悲痛な経験を力に変えていくまでには、時間がかかるかもしれません。でも、亡くなってしまった大切な人、そして会ったことはなくてもその地で命を落とした人たちの死を力に変えるとき、**天全体からのとてつもない応援を得る**のだと思います。

●英霊

英霊とは、これまでに起きた戦争で亡くなった方たちのこと。世界中に数え切れないほどいらっしゃいますが、日本で一番近い戦争である大東亜戦争（第二次世界大戦）だけで、310万人もの日本人がお亡くなりになりました。

戦後すでに80年近く経ちましたので、戦争を経験していない世代のほうが日本全体では多くなりました。今の10代20代の人たちにとっては、祖父母世代も戦争を体験していない人のほうが多いので、遠い昔の話に感じられるかもしれません。

しかし、家系を2代、3代と遡《さかのぼ》れば、英霊として亡くなったご先祖様が、ご親戚の中にもお一人はいらっしゃるのではないでしょうか。

僕はもちろんですが、親父も母も戦争を知らない団塊世代。僕自身、恥ずかしながら「英霊」について、33歳までよく知りませんでした。

「英霊」はもちろん、「特攻隊兵」の方の本当の想いも知らず、「国に命令されて無理やり特攻隊にさせられて自らの命を犠牲にするなんて、まだ10代で若くて親も家族もいたであろうに、かわいそうだなぁ」なんて、他人事のように思っていました。

でも、2010年、鹿児島県知覧《ちらん》にある「知覧特攻平和会館」を訪れたとき、初めて真実を知ったのです。

彼らは最期、家族と日本を守ることに少しでも役立ちたいという思いをもって、**未来の日本の幸せを願い、自ら志願して逝った**ことがわかりました。

だからこそ、彼らが残した最後の写真（遺影）は、みんな爽やかな笑顔なのです。

あの笑顔は、**僕たちの幸せな未来を願っての笑顔**だと僕は信じます。

英霊の想いを知って、僕は強く気づかされました。

「僕たちは幸せに生きなければいけないんだ。彼らが本当は生きたかったように、**幸せに豊かに生きることが、僕たちの〝義務〟**なんだ」と。

事実、知覧を訪れて英霊の想いを知り、そこから奮起されて各業界で大活躍され、幸せに成功している方たちはたくさんいらっしゃいます。


僕が英霊の真実を知った翌年、東日本大震災が起きました。震災は戦争ではありませんが、被災地はまるで空襲に遭ったかのような惨状でした。

あのとき、僕が復興の支援活動に懸命に取り組めたのは、英霊がかつて日本の幸せを願ってくれたように、「残された僕も一生懸命に生きよう！」と強く思えたからでした。

「英霊さんが喜んでくれるように、幸せに豊かに生きる！」

そう決めると、英霊さんは必ず力を与えてくれると実感しています。

●家系

大切な家族や肉親が、僕の親父のように自殺など、ある意味非業《ひごう》の死を遂げてこの世を去った場合、残された家族としては、実は感謝できることなのではないかと僕は思い至りました。

これだけ読むと、「何を言っているんだ！　不謹慎な！」と思われるかもしれませんが、ここでお伝えしたい重要なことは、

「亡くなった肉親が、実は**〝家系のカルマ〟**を、死をもってすべて解消してくれた」という可能性があり、そうとらえることができるということです。

過去の良い行ないも悪い行ないも、すべていつか自分に返ってくるというのが「因果応報」。「カルマ」とは、その因果応報が起きる原因を指します。「業《ごう》」ともいいま

すね。

博学なスピリチュアリストの友人から、カルマには自分個人のものだけではなく、実は家系にもカルマがあることを教わりました。

家族や先祖の誰かがカルマをつくった場合、本人がその一生のうちにカルマを解消しないと、そのカルマは、家系の因縁として家に蓄積されて、子孫の誰かがそのカルマを解消しないと、なぜか良くないことが起きるというのです。

その**家系のカルマを、自ら死ぬことで解消し、家系をより良く存続させる**という方法があるのだそうです。

ここで僕の山本家の実例をお話しすると、親父は前述のように6億円もの借金をつくりました。そのことは、親父自身がつくったカルマでもありますが、実は、山本家代々のご先祖さまの誰かがつくったカルマを、親父が借金という形で引き受けたのかもしれないのです。山本家に代々蓄積されてきた悪いカルマを、親父はすべて引き受けて亡くなったのかもしれないのです。

だからといって、親父の自殺を称賛するわけではありません。ただ、残された僕は、この話を教えてもらったとき、英霊の真実を知っていたので、それまでとはまったく違う、新しい親父像を得たのです。

「親父はもしかしたら、山本家にとっての〝英霊〟だったのかもしれない。自ら命を断つことで山本家の未来を守ろうとしたのかもしれない」

そう考えると、親父への感謝があふれて号泣しました。

●土地

カルマは人や家系だけでなく、土地にも蓄積することがあります。

人が死ぬと、意識は「愛」になり、体も燃やされたり土に還されたりするため、その人自身にはカルマが残らず、**その土地に残って記憶されてしまう**という説があります。

人に残るのではなく、大地や水に記憶されてしまうのですね。

その記憶が、悪いカルマとなって負のエネルギーを放ってしまうと、いわゆる「お化け」「幽霊」として感知する人がいるようです。

特に、戦争や悪意が元凶で人が亡くなった土地には、カルマが残っているともいわれます。

土地に残った負のカルマを解消するにはどうしたらいいのかというと、やはり、生きている僕たちが**祈りを捧げる**ことです。

祈りにはパワーがあります。**その土地に暮らす人々の幸せと土地の繁栄を願う**祈りは、負のカルマをキレイに浄化して解消させるだけの力があるのです。

今も、世界の各地で、シャーマンと呼ばれる方や、お役目のある方が、ご縁のある土地に呼ばれて、祈りを捧げ、負のカルマを浄化して祀り上げることをしてくださっています。

第4章でお話しした優花さんも世界各地へ出向き、先住民族の人たちとともに、その土地で祈りを捧げています（左の写真。優花さんたちが祈りを捧げるプロジェクト「アスカワールド」については254ページをご参照ください）。

ゼウ氏からの情報では、そんな活動のおかげで、負のカルマがある土地はだいぶ少なくなってきたといいます。

シャーマンだけが特別なのではありません。僕たちも儀式に直接参加しなくても、**世界の幸せを祈り願うこと**は、カルマの解消にとても役立ちます。

幸せで豊かな土地になるように。

愛と感謝に満ちあふれた素晴らしい世界になるように。

そんな祈りにより、カルマの解消に貢献できるのです。

幸せを祈ることで、その土地に宿った死にまつわる負のエネルギーを好転させることになります。それにより愛の純粋意識が高まることで、志や夢を叶える力に変わり、人生をより幸せに豊かにしていくことができるのです。

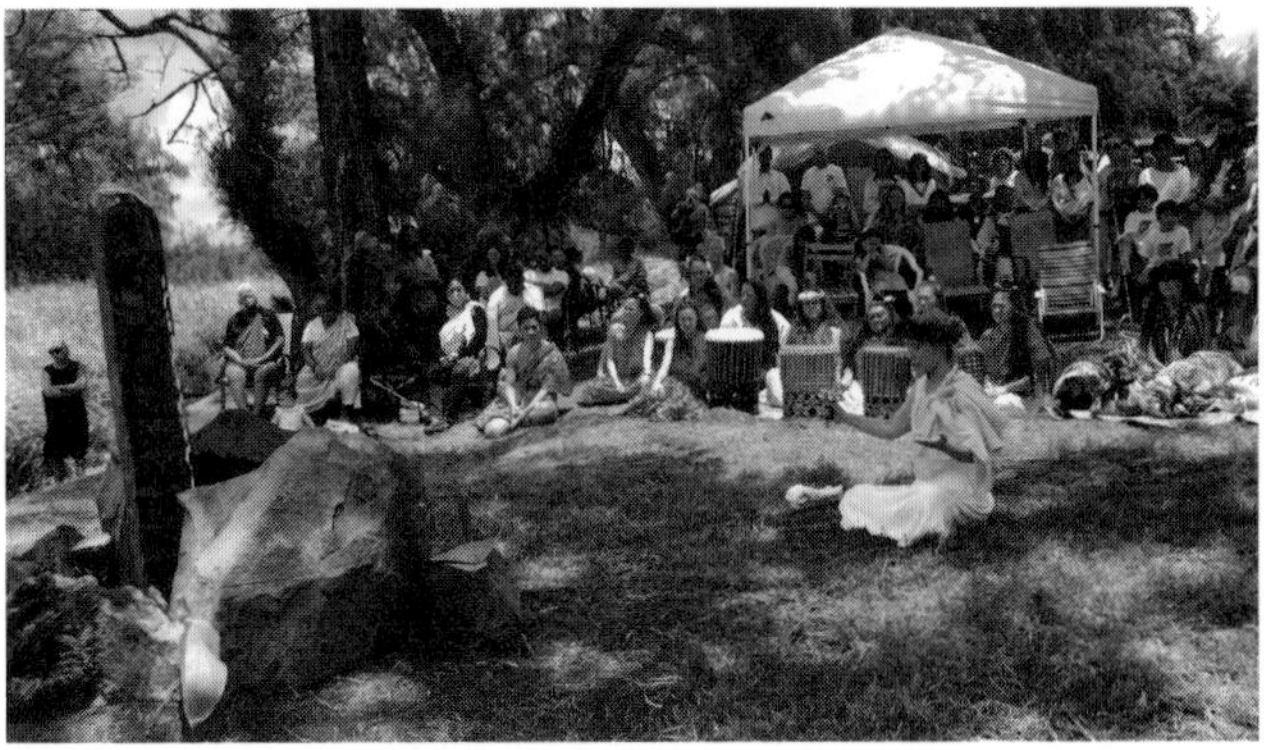

2021 年 5 月 15 日 ハワイ島

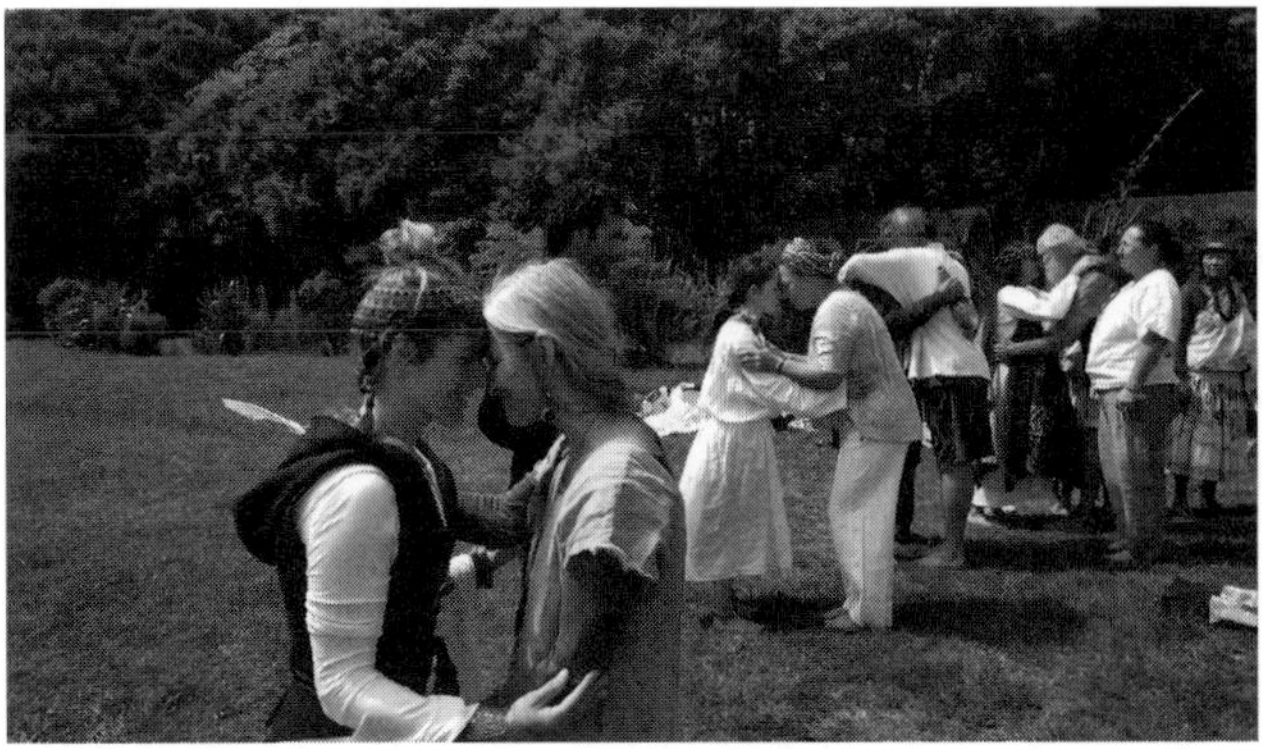

2022 年 11 月 30 日 ニュージーランド

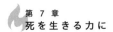

これも、死を力にして幸せに豊かに生きる方法の一つだと思います。

死への準備

先日、「死を力に」をテーマに講演しましたら、参加者の30代のお母さんが、「これまで**大切な人が亡くなる経験を一度もしたことがない**ので、死を力にする実感が湧かないんです……」と、正直に話してくれました。

もしかしたら読者のみなさんの中にも、幼い頃に祖父母が亡くなったことはあるけれど、自分の人生に大きく影響を与えるような、とても身近で大切な人の死を経験したことはないという方もいると思います。

その場合、死についてイメージできないのも無理はありません。

そういう方は、今から**「死の準備」**をされることをおすすめします。

「死の準備」には、二つあります。

「大切な人の死の準備」と「自分自身の死の準備」です。

大切な人・最愛の人が亡くなることへの準備

看取りをテーマにしたドキュメンタリー映画『いきたひ』は、究極のヒーリングムービーとして、日本全国、また海外でも上映され、大反響を読んでいます。

監督の長谷川ひろ子さんは、末期ガンの旦那さんを4人の子どもたちとともにご自宅で看取るまでを映像に残し、それをもとに映画を製作されました。

「どう死なせないか」

ではなく、

「どう生き切るか」

にフォーカスしてきたご家族の姿が描かれています。

残される家族にとって、それまでの暮らしをどう終えて、ここからどうやって新しい日々を紡《つむ》いでいくのか。

命が終わる瞬間を、豊かなひと時にすることの大切さを教えてくれています。

大切な人の死をつらく悲しいものととらえずに、死を肯定していけるように励まされる人が続出しているようです。


くり返しますが、人は肉体が死んでも、「愛の純粋意識」となって生き続けます。

そして、残された僕たちみんなの幸せを願ってくれているのです。

だから、大切な人に〝そのとき〟が来たときには、**最大限の感謝と愛で接し、幸せを感じながら天へ送り還してあげる**ようにしたいですよね。

そのためにも、今から死の準備をしておくのです。


死を悲観的にとらえるのではなく、死ぬというのは**「愛の純粋意識」になって生き続けること**。

自分も肉体が死んだら、愛に溶けていく。

先に亡くなった大切な人や最愛の人とも再会できて、一緒になって「愛」そのものになります。

そう強く、心に、意識に、刻んでいきましょう。

人の最期を看取る「看取り士」として、〝幸せな看取り〟をお役目にされている方に、お会いする機会がありました。

人が肉体の死を遂げる最期の瞬間に数多く立ち会っているその方が、こうおっしゃっていました。

「人が死ぬときのエネルギーってすごいんです」

そのエネルギーが強くて**「光っている」**ように感じるというのです。

2022年に、渋沢栄一の孫娘である鮫島純子《さめじますみこ》さんの最後の単著『100歳の幸せなひとり暮らし』(光文社)をプロデュースさせていただく機会に恵まれました。取材を通して、渋沢栄一を家族で看取られたとき、純子さんは「白く光っていた」と教えてくれました。

では、人が誕生するときはどうなのでしょう？

出産のとき、へその緒をすぐに切らない自然分娩をサポートする助産師さんが、こう教えてくれました。

「赤ちゃんが生まれるとき、母子ともに光を放つんです。周りにいるわたしたちもその光が発するエネルギーを浴びると、ものすごく気持ちよくなって元気になるんです」

本来、人は**誕生のとき、最期のとき、どちらも光を帯びて生死を通過する**。

その光は、周囲にいる人にもわかるぐらいの、大きなエネルギーを放つのだそうです。

このことからも、死とは本来怖いものではなく、光を伴い、愛に還るものすごく幸せな体験なんだと理解しました。

そうだとしたら、**残された人たちが大切な人の死を悲しみ、そして苦しい思いをすることは、本来は間違ったこと**なのかもしれません。

故人は、残していく人たちに、悲しんだり苦しんだりしてほしいのではなく、逆に自らの死によって大きな光や大きなエネルギーを受けとってほしい、力強く幸せに豊かに生きてほしいと願っているのですから。

自分が死ぬことへの準備

僕たちは、自分がいつどのように死ぬのか、知らないで生まれてきます。

いつ死ぬかわからないからこそ、**いつ死んでもいいように準備をしておく**ことは、残していく人たちにとってとても有意義で大切なことだと思います。

死の準備をしっかりしておけば、残していく人たちはあなたの死を力に変えることができますし、きっと、天に還ったあなた自身も天で生きやすくなるのではないかと思います。

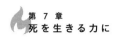

もし今自分が死んだとしたら、残された家族はどうなるだろうか？

路頭に迷うことはないだろうか？

生活に困ることはないだろうか？

精神的に苦しむことはないだろうか？

生きる希望を失ってしまわないだろうか？


現実的な準備としては、家族が生活に苦しまないように、生命保険に入っておくこともその一つでしょう。

遺産分割で揉めたりしないよう、遺言をきちんと遺しておくことも大切です。

僕が死の準備として特におすすめしたいのは、残していく大切な人の**心のケアをすること**です。

僕の親父は余裕がなかったのでしょう、遺書や遺言を残していなかったので、親父が何を考え、何を思って死んだのかがわからず、その死を受け入れ、乗り越えるのにかなり長い時間が必要になりました。

特に**「どんな想いで親父がこの世を去ったのか」**がわからないことが、一番苦しかったのです。

「親父を死に追いやったのは誰だ!?」「自分のせいなのか？　それとも他の誰かのせいなのか？」などと、ありとあらゆる想いと感情が湧き上がり、思考が整理できずにいたので、冷静になって死と向き合うまでにかなり時間がかかってしまいました。

親父に文句を言いたくはありませんが、

「俺はもう逝くけど、俺の死は気にせず、お前たちには幸せに生きてほしい」

というような短いメッセージを残してくれるだけでも、当時の僕たちにとって、かなり救いになったと思います。

とはいえ、親父の死を簡単に受け入れられなかったことがきっかけで、死の探究の旅が始まり、本書を書くことにつながりました。僕にとっては、これが生まれてくる前に決めたシナリオだったのでしょう。

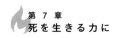

そんな実体験があったので、武《たけ》田《だ》勝《かつ》彦《ひこ》さん（大和出版刊『人生を拓きたければ「知覧の英霊」に学びなさい』の著者）が教えてくれた遺書を残す方法は、ものすごくありがたいものでした。

それは、家族や大切な人に向けた**遺言を動画に録画して残す**というものです。

武田勝彦さんは、日本一「知覧」へ通っている講演家です。

「生きたかったけれど生きられなかった英霊さんが、唯一できたことは、遺言を遺すことだった」

遺言を家族に遺すことで、家族の幸せ、願い、祈りを伝えることができた。だから、英霊さんたちは憂いなく逝くことができたのだと教えてくれました。

毎年遺言を残したくなる日を決めたほうがいいと教わり、僕の場合は、親父の命日である8月12日を「遺言ビデオレター」を遺す日に決めました。

この日、家族や子ども、大切な人、特別にお世話になった人、一人ひとりに向けて、僕が死んだ後に見てもらうためのメッセージを遺すのです。

「本当に明日、死ぬとしたら」という前提で録画するのですが、「彼らに僕は何を残し、伝えたいのか」と、かなり真剣にあーでもないこーでもないと、いろいろ考えます。

どんなにケンカしていたり、ウマが合わない家族だったりしても、考えに考え抜いた末に行き着く先は、恨みつらみを口にするなんて、まったく思わなくなるということです。

逆に、心の底から自然に湧いてくるのは、**自分を愛してくれたことへの感謝の言葉**です。

実際、僕は恥ずかしながら、母とは考え方や生き方が大きく違い、よくケンカをしていて、あまり良い関係ではありませんでした。でも遺言に残そうとしたら、

「産み育ててくれてありがとう。おかげでこんなに一生を楽しく過ごせたよ」

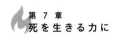

という、愛してくれたことへの感謝のメッセージに自然となりました。

母だけでなく、残していく人たちには、

「幸せに生きてほしい」

「夢を叶えてほしい」

「いつまでも健康に生きてほしい」

そんなメッセージしか湧いてこないのです。

これが、**人が死ぬときに遺す想い**なんだ、と「遺言ビデオレター」をつくってみて実感しました。

生前どんなに憎み合っていたとしても、恨んだまま、関係が悪いまま死にたくないという気持ちが湧き上がり、最後には**感謝をして幸せになる願いを伝えたいと望む**のですね。


愛と感謝と幸せになってほしいという願いが詰まった遺言を手にした人は、きっととても幸せだと思います。

もちろん大切な人が亡くなった直後は、深い悲しみと寂しさの只中にあります。ただ、遺言があればかなり早い時点で感情が整い、大切な故人の分も幸せに生きよう！と死を力にしやすくなると思います。

遺言を残すことは、死んでいく立場として、**残していく人たちに自分の死を力に変えてもらいやすくなります**。

それに、残していく人たちのことを**以前より愛おしく感じて生きる**ようになります。自然と毎日生かされていることに深く感謝できるようにもなります。

そして、遺言を残しておくと、

「もう思い残すことはない」

と自然に思えるようになるので、毎年僕は8月12日になると、

「悔いのない人生だった……！」

と、一瞬ホントに死んでしまった気持ちになります（笑）。

織田信長《おだのぶなが》が好んだとされる幸若舞《こうわかまい》『敦盛《あつもり》』の一節に

「人間五十年、下天《げてん》の内をくらぶれば、夢幻の如くなり」
という言葉があります。

和平さんは、50代で病気をしたとき、この言葉を思い出し、よく生きたのだから思い残すことはないと、死を覚悟したのだそうです。

和平さんは生前、体が決して強くはないと話していました。そのため壮年期に死を覚悟して、こんな**辞世の句**を書いたそうです。

「わくわくと生き　わくわくと死なん　わが旅に出逢いし人の　情こそ嬉し」

この世を去る前に和平さんは、**「辞世の句を遺しているのだから満足だ」**と話していました。

実際、この言葉は和平さんの生き方がとてもよく表れていて、時折、思い返して、和平さんの笑顔とともに幸せを感じます。

来世への準備

和平さんは生前、「自分はまた次も生まれ変わる」と決めていました。

それゆえに、来世の自分が周りの人や社会から良くしてもらって愛してもらえるようにと、

「**今から徳を貯めておく**んだがね」

とよくおっしゃっていました。

生まれ変わりはもちろん、来世を今から決めることができると信じていた和平さんは、**来世での目標**まで決めていたのです。

和平さんの目標とは、「詩人になること」。

「今生《こんじょう》では詩《うた》なんてあまり触れてこなかったけど、来世では詩人として大活躍するんだがね」

と言って、晩年はブログに毎日詩《うた》のような日記を書いていました。

そうやって、**来世の準備**をしていたんです。

ある意味これも、死への準備ですよね。

死をまったく怖れないどころか、死んで生まれ変わることを楽しみにしていた和平さんを見て、

「来世の準備をするかぁ〜、斬新な〝死を力に〟する方法だなぁ」

と、びっくりしつつリスペクトしたものです。


死を力に変えていく方法の一つとして、和平さんのように来世の目標を立ててみると、死が楽しみになるのかもしれません。

来世への準備ができると、

「今生の自分は、今だけ。だったら今回の人生で用意してきたことは全部やりきろう！」と、やる気スイッチがさらに入るのではないでしょうか。

ちなみに僕の場合は、「来世は人間としては地球に生まれない」とわかってきました。そのため、**地球でやれることは今生で全部やりきろう！**と、燃え上がったからこそ、かなり思い切った内容の本作を書いているのでございます（笑）。

いつ死んでもいい生き方を

みなさんもご存知、アップル社の共同創業者であり、iPhoneなどのアップル製品を送り出してこの世を去った、スティーブ・ジョブズ（享年56）。

ジョブズは生前、毎朝、鏡に映る自分にこう問いかけて一日をスタートさせていたといいます。

「もし今日が最後の日だとしても、今からやろうとしていることをするだろうか」

本当にやりたいことに命を費やす。

もし大きな夢や目標があってまだ達成していなかったとしても、それに向かって今日一日を懸命に実現に向けて動くことができたとしたら、今死んだとしてもきっと、それほど悔いは残らないと思います。

人は本当に、いつ死ぬかわかりません。

今、病気を患っていてもいなくても、事故や天変地異、事件に巻き込まれることもあります。

僕たちは、いつ、何がきっかけで、どのように、この世を去るのかわからない。
このことを毎日意識していないと、僕たちは生と死の存在を忘れてしまいます。

毎朝起きて、無事に目が覚めて息ができているということだけでも、実はかなり奇跡的なこと。目覚めずに、そのまま死んでしまうことだってあり得るわけですから。

だからこそ、朝目が覚めたとき、**今、生きていることに感謝する習慣をもつ**ことで、生死への向き合い方、一日の過ごし方が変わります。

今日も生きて目が覚めた。今日も生きながらえた。今日も死なずにすんだ。

そう意識するところから、始めてみましょう。

そして、今日一日何をして過ごすのか。何をするのが自分にとって幸せなのか。家族に、あの人に、社会に、日本に、世界に対してどんな貢献ができるのか。

今日もし死ぬとしたら、**「準備」**はできているか。

ぜひ**「いつ死んでもいいと思える生き方」**をするようにしましょう。

死への準備ができているからこそ、今日を力の限り、精一杯自分の命を使い切って生きることができます。

では、「力の限り、精一杯自分の命を使い切って生きる」とは、どんな生き方でしょうか？

具体的には、**自らの欲求をいつも満たして生きる**ことが、シンプルだけど一番大切なのではないかと僕は思っています（もちろん法に触れるようなことはナシです）。

眠いときに寝る。食べたいときに食べたいものを食べる。好きなこと・したいことを全部する。行きたいところに行く。つくりたいものをつくる。パートナーや子どもたちと、友人たちと、一緒に楽しんで最高に愛し合う。

そんな基本的な欲求を意識的に行動に移していたら、もし今日死んでしまったとしても大きな悔いは残らないでしょう。

臨死体験者が共通して体験することに、ある存在（どんな存在かは、その人の意識により微妙に違います）からこう質問されると知りました。

充分に、学びましたか？
充分に、愛しましたか？
充分に、使命を果たしましたか？

これらを要約して一つにまとめたと思われる質問が、

充分に、楽しみましたか？

です。

これらの質問に迷いなく「はい！」と答えられる人は、きっと、すぐに「愛の純粋意識」へと還ることができるのでしょう。

想像するに、僕が大好きな渋沢栄一も師匠の竹田和平さんも、迷いなく「はい！」と答えたと思います。毎日を楽しく、幸せに豊かに生きることで、最期には光を放って亡くなったのだと思います。

今、生きている僕たちも、この質問をときどき思い出してみると、「悔いなく死ねる」生き方ができるのではないでしょうか。

「充分に、楽しみましたか？」

あなたはこの質問に即座に「はい！」と答えられますか？

大切な故人とともに生きていく

人生を充分に楽しむということでいうと、僕には新しい夢ができました。

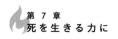

それは「日本酒の本を出す」という夢です。

これには、僕の大好きな祖父と親父が絡んでいます。

チャネリングフォトグラファーの岸千鶴《きしちづる》さんのセッションを受けた際に、山本家の家系のラインを見てくださいました。

すると、僕が生まれてから2歳までの間に、先祖代々の山本家の愛と豊かさのつながりを断ち切ってしまうほどの大きなブラックホールができてしまったとのこと。これを埋めて元に戻さないと、僕の人生がスムーズに先に進めないというのです。

僕には記憶がまったくないのですが、僕が2歳の頃、山本家ではある事件が起きていました。

両親が僕を連れて祖父母の家から出て行ったのです。

僕と両親の3人は、父方の祖父母の家に同居していました。両親は共働きだったこともあり、日中は祖父母が僕の面倒を見てくれ、とても可愛がってくれていたのです。

第3章でもお話ししたように、僕はおじいちゃん子で、母親が仕事から帰ってきても、抱っこしてくれていたおじいちゃんのもとを離れなかったそうです。

母親としてはおもしろくありません。母と祖母は嫁姑問題で、あまり仲が良くなかったので余計に問題視していたのでしょう。「もう出て行く！」となり、僕は強制的におじいちゃんから引き離されてしまったのです。

まだ2歳だったので記憶はありませんが、無意識の領域ではかなり大きなショックを受けたはずです。僕が喘息になったのは、そのせいかもしれません。

これが〝ブラックホール〟の正体です。

僕の人生をスムーズに進めるためにも、ブラックホールを埋める必要があります。

その取っ掛かりとして、千鶴さんから、

「大好きだったおじいちゃんが大好きだったものは何？」

と聞かれ、一生懸命記憶をたどっていき、

「日本酒だ！」

ということを思い出したのです。

そこで、おじいちゃんが生前によく飲んでいた「會津《あいづ》ほまれ」を飲んでみることにしました。

今は天界にいるおじいちゃんに代わって、僕が飲むことにしたのです。実際飲んでみると、とても美味しいお酒でした！

「この味を、おじいちゃんは楽しんでいたんだなぁ」

そう思った瞬間、天のおじいちゃんとより強くつながって、応援が入った感覚がありました。

そして、祖父と盃を交わすイメージで一緒に飲み進めていたところ、どんどん心が癒されていったのです。

これによってブラックホールを塞《ふさ》ぐことができ、本来の**「何もしなくても豊かで幸せで愛される自分」**に戻ることができました。

幼い頃、祖父に無償の愛で可愛がってもらっていた状態にやっと戻れたんですね。

もともと日本酒は、神様に捧げる御神酒《おみき》にもなっているように、神様が大好きなお酒。かつ魂が喜ぶお酒です。お墓や仏壇にお供えされることも多いですよね。

だからこそ、天とつながりやすいのでしょう。

この体験があってから、祖父と同じく日本酒が大好きだった親父も加えて、３人で乾杯するイメージで日本酒を嗜《たしな》んでいます。

「會津ほまれ」だけでなく、祖父と親父が好きであろう日本全国の日本酒を、３人で乾杯して一緒に楽しむ。

「こんな日本酒あるんだ！」

と、僕が驚きの声をあげると、祖父も親父も喜んでいるのを感じます。

このように、故人と楽しく盃を交《か》わすイメージをすることで、亡くなった大切な人とのつながりがより強くなり、さらに応援されるようになるのです。

僕の場合は、つながる手段が日本酒を一緒に飲むことでしたが、**あなたにも故人とのつながりを強くするものがきっとあるはず**です。

亡くなった大切な人が大好きだったもの、大事にしていたものを、記憶をたどって見つけてみてください。

僕は日本酒を飲むことで、祖父と親父に**「愛されているんだな」と感じやすく**なりました。

そして、

「もっともっと幸せに豊かに生きよう！」

と、自然に思えるようにもなりました。

残された者が、そう思えるようになること。これこそが、亡くなった大切な人たちの願いを叶えることなのだと実感しています。

episode 5

瀬《せ》川《がわ》映《えい》太《た》さん

社会活動家であり、7児の父。相手のエネルギーをインスピレーションで「詩」にして書き下ろす「伝動詩人えいた」として始動。日本全国また海外でも個展を開催し、これまで約8万人に言葉を届けてきた。2010年から「バースカフェ」を開催。ほかにも、里山体験ができる「ミクマリの里」や「産前産後YORISOI」プロジェクトなど幅広く活動中。

親友の死が教えてくれた誕生の奇跡と命の素晴らしさ

19歳の夏休みが終わる直前、僕の活動の原点となる出来事が起きました。音楽デュオの相方で同級生だった親友が自らの命を絶ってしまいます。その7日後、仲の良かった同級生が交通事故で即死。たった1週間の間に、大切な同級生が2人も僕の目の前から去ってしまったのです。

彼らが亡くなってから、「神様、僕を使ってください」という意識が芽生え、路上で伝動詩人としての活動を開始。人を元氣にしたい！との想いで、最初の4年間で5000人の病や悩みに寄り添い、詩も綴って届けました。

その後も国内外問わず社会活動家として活動してきましたが、2010年に**「命の大切さと出産の奇跡を伝えたい」**との想いから、「バースカフェ」を始めます。

今や、全都道府県、海外15カ国で開催するなど、大々的に広がっていますが、命の誕生と向き合う場を広めるきっかけには、またもや一人の親友の死があります。

僕の出身地の北海道・網走《あばしり》に、親友中の親友といえるほど魂の縁が深い女友だちがいました。ツカサという名前の彼女は、僕だけでなく同級生の仲間みんなにとって重要な友だちでした。

というのも、彼女は高校3年生になる春休みに交通事故に遭い意識不明の重体になります。何日経っても目覚めないツカサに、千羽鶴を折ったり、神社に手を合わせに行ったりと、当時やんちゃだった高校生の仲間みんなで毎日、必死に祈っていました。

その祈りが届き、3カ月後、奇跡的にツカサは目を覚まします。半身不随と記憶障害になりましたが、仲間たちみんながこの3カ月間どれだけ祈り動いたのかを知った彼女は、「本気で生きる！」と決意。リハビリを頑張り、1年遅れて高校も卒業し、なんと！一人暮らしをして札幌の大学に進学するという奇跡を起こします。

ツカサは**半身不随であっても、夢を諦めず、保健室の先生になりたい、女性としてふつうに恋愛し結婚してお母さんになる！**と常々口にしていました。実際に愛する人と結婚、妊娠をします。妊娠中はできるだけ自分で家事をこなし、片手でオムツを替える練習をするなど、お母さんになるためポジティブに頑張っていたのですが、いよいよ出産し息子を産んだ直後、容態が急変。そのまま息を引き取ったのです。

関西を拠点にしていた僕の、年に一度の帰省の日が、まさかのツカサのお葬式でした。

このとき、すでにバースカフェを始めていたので、日本の出産現場の環境があまり良くないことは認識していました。僕自身も、2人目の子の自宅出産を経験したばかりで、出産の素晴らしさを伝える活動を始めた矢先、ツカサが出産で亡くなったことに、偶然では片づけられない何かを感じました。

お通夜では、みんなは障害を抱えての出産がリスクだったと思っていたようですが、僕は納得がいかないまま**ツカサの亡骸《なきがら》と対面すると、ツカサからメッセージを受けとります**。それは「病気や障害が原因で亡くなったんじゃないよ」というメッセージでした。

まさか⁉という想いと衝撃で立ち上がり、僕はツカサのご家族に駆け寄ってこう聞いたんです。

「こんなときに変なことを聞いてすみません。ツカサが出産する際に、病院のミスや不手際がありませんでしたか？」

すると、

「実は、その可能性をすごく感じていて、すでに弁護士に入ってもらったんだ。でも、まだ誰にも言わないでくれな」

と返ってきたんです。

この瞬間、こんなに頑張って前向きに生きてきたツカサが、念願の赤ちゃんを残して亡くなり、それが医療ミスによるものだなんて！　僕は悔しさと絶望に泣き崩れ、魂が震えて叫びました。

「日本中のお母さんが幸せに妊娠出産できる環境を絶対に創る！　命がけでやる」と決意します。ツカサが文字通り命をかけて託してくれたバトンを継いでいくと決めたのです。


札幌のお寺で「バースカフェ」を開催したときの出来事です。終了後、小学5年生の女の子を連れた母親に、

「うちの娘の話をちょっと聞いてもらえますか？　娘は別室で遊んでいて、えいたさんの話はほとんど聞いてないんですが、えいたさんに伝えたいことがあるみたいで」

と言われました。

「わかりました」と答えて、女の子のほうを向くと、こんなことを言うのです。

「えいたさんの亡くなったお友だち、今日来てましたよ。だから、そこに椅子を用意したの」

確かに、いつの間にか、会場を設営したときより、椅子の数が1つ増えていました。

続けて、女の子はこうも言います。

「お友だちのツカサさん、人間の姿をしているときもあるけどね、白い龍の姿をしているときもあるの」

僕は驚嘆しました。

実は過去に、龍使いだという方に、「あなたには珍しい白い龍が付いているよ」と言われたことがあったのを思い出し、腑に落ちました。自分でなんとなく感じてはいたけれど、**本当にツカサが一緒に活動してくれているんだ**、と確信できたのです。

2014年、生前のツカサを記録したドキュメンタリー番組が原案の映画『抱きしめたい―真実の物語―』（主演：北川景子・錦戸亮、主題歌：安室奈美恵）が公開され大ヒットします。

その相乗効果もあり、ツカサの命とつながるバースカフェは、全都道府県で一斉開催することになり大きな運動へと広がりました。

ともに志を果たしたいと思うような、自分の大切な故人と周波数を合わせると、ものすごいエネルギーが入ってくるという体験を何度もしてきました。僕が命の大切さを伝える活動ができているのは、常にツカサが導いてくれているから。感謝しかありません。

あとからツカサのお母さんにお聞きしたのですが、実はツカサは一度息を吹き返したのだそうです。

医師から死亡宣告されたとき、家族の誰かが「最後に赤ちゃんをツカサに抱かせてあげよう」と言ったので、胸の上に赤ちゃんを乗せた瞬間、なんとツカサは目を覚ましたというのです！　心音も上がり、なんと4〜5日も命が永らえたそうです。

どんな処置も功を奏さなかったのに、母と子が一つになった瞬間に息を吹き返したと聞いたとき、その奇跡に涙が止まりませんでした。

加えて、ツカサが数日生き延びてくれたおかげで、僕はお葬式でツカサの亡骸に対面できたわけですから、天とツカサの計らいだったのかもしれません。

ツカサから命のバトンを受けとったことで、僕は世界中の命の現場を飛び回り、最終的には、母が子を思う愛、子が母を思う愛こそが世界平和の根源であるとたどり着くことができたのです。

瀬戸内寂聴《せとうちじゃくちょう》さんがおっしゃっていたのですが、**人は亡くなる瞬間、25メートルプールの体積の527倍もの光のエネルギーを放出して天へと還る**といいます。自分の志や想いを託したいと思って放出するらしいのです。

僕は、ツカサと、19歳のときに失った友人2人の死から、確かに光をキャッチしました。彼らがやりたかったこと、果たしたかったことを一緒に遂げていこう!と、彼らからのエネルギーが原動力となり、パワフルに駆動させ続けることができています。

大切な人の死は一時的には悲しいし苦しいものです。しかし、光になった存在の方々は、僕たちが一緒に志を果たしたいと思って歩むなら、いくらでも応援してくれます。本当に自分だけの力ではない、数々のシンクロや出会い、奇跡体験が起きると強く実感しています。

ともに歩んでいくか、悲しみのまま生きていくのか。どちらを選ぶかは自由ですが、ともに生きていくことは必ずできます。

おわりに

最後まで読んでくださり、ありがとうございます。

本書では「死を力に」していくことで、今地上で生きている僕たちも、天にいる大切な故人と愛と感謝で幸せに豊かに生きていくことができることを、たっぷりと書かせていただきました。

「死を力に」すると、人生を命を大切に生きることができ、同時に幸せで豊かな未来を拓いていくこともできます。

僕には10歳になる息子がいます。彼が生まれたとき、過去と未来がつながった感覚が芽生えて、「もう、いつ死んでもいい」と初めて思えるようになりました。

実は息子が生まれるまで、心配のほうが大きかったのです。それは父親になることへの不安ではなく、赤ちゃんが悪いカルマを背負っているのではないか、という漠然とした不安です。

その要因は、第2章でお話しさせていただいた、子どもを堕ろすという経験にあります。もし、あのことがきっかけで悪いカルマをつくってしまっていたら、無事に元気に生まれてきてくれないかもしれない……と、どこかで思ってしまっていたのです。

心配しながら病院で待機していたのですが、生まれたての元気な息子を腕に抱っこしたとき、そのあたたかな存在、エネルギーに感動して、不安も心配もすべて払拭《ふっしょく》されました。

それ以上に、両親やご先祖さまたちのおかげで自分という人間がこの世に生まれ、「いのちのバトン」が「今」につながった。そして、息子が生まれることで**「未来に」つなげる**ことができた、という感覚が自然と芽生えました。

これは不思議な感覚でしたが、息子が生まれてからというもの、自分と血縁のある子どもだけではなく、友人や知人、見知らぬ人が産んだ子どもが育っていく姿を見ても、**「絶対幸福」を感じる**ようになりました。

それは、彼らに対しても「いのちのバトン」が託され、未来がどんどん拓かれていくのが自然とわかるようになったからだと思います。

きっと読者のみなさまも、自分が誰かの親である・ないにかかわらず、世界中の子どもたちが、笑顔で幸せに豊かに生きてほしいという「祈り」に似た自然な願いを持っているのではないでしょうか。

たとえ血はつながっていなくても、世界中に「子ども」という存在がいることを思うと、この世から自分が去っても大丈夫、未来はつながっているんだと思えて、死への恐怖が薄まるのを感じます。

さらに、子どもたちの幸せな未来のためにも、今の人生を、命を大切にして生きよう、志を果たそうと生きる力が湧いてきます。

一見、矛盾しているようですが、**子どもの幸せを願うことは、「死を力に」することとイコール**だと思っています。

今回取材にご協力いただいた瀬川映太さんは、命の誕生をテーマに活動をしているので、たくさんの命の奇跡を体験しています。

なかでも、**大切な故人の生まれ変わりだとしか思えない経験**を何度もされたそうです。

映太さんは、19歳のときに同級生の友人2人を同時期に亡くしたと語っていますが、なんと2人ともすでに生まれ変わっていて、映太さんの目の前に現れてくれたというのです。

一人は、交通事故で亡くなった友人のお姉さん（助産師）の娘さんで、命日に近い満月の日に生まれたそうです。

もう一人は、自死で亡くなった友人のお姉さんの息子として、なんと10年目の命日の日に誕生したといいます。

友人の故郷であるハワイで3歳の誕生日を迎えるその子に初めて会った瞬間、涙が止まらなくなり、まさに友人の生まれ変わりだと確信したと、話してくれました。

命日や誕生日など亡くなった人にまつわる日や、その日から一番近い新月・満月の日に生まれてくる子は、その故人の生まれ変わりの可能性が高いというお話を聞いたとき、僕にも思い当たることがありました。

亡くなった僕の親父の誕生日は4月3日。そして僕の息子の誕生日は、3月27日で満月の日だったのです。

偶然と言ってしまえばそれまでですが、息子が生まれたとき、きっと親父ものすごく喜んでくれているだろうなと思いました。僕の息子は親父の生まれ変わり、親父の魂の記憶を色濃く継いだ子なのかもしれない。

親父と僕の一番大切で嬉しい思い出は、お互い野球が好きで子どもの頃にキャッチボールをしたことでした。無言でもボールを投げ合うことであたたかい心の交流を感じていました。

今、息子とキャッチボールをしていると、親父と息子の姿が重なるときがあって、ついウルっときて息子にバレないようにミットで顔を隠しています。

実は、本書の原稿を書き終える直前、介護施設で暮らす母が膵臓《すいぞう》がんにかかっていることが発覚しました。

幸い、早期発見だったのですが、高齢で軽度の認知症があるため、僕も妹も、手術をしたほうがいいのか、それとも薬で抑える治療がいいのか、すぐには判断できませんでした。かつ手術となると、かなり深くに腫瘍《しゅよう》があるため、ほかの臓器も切ったり摘出しなければならないという話でした。

母は僕が電話をかけると、いつもなら話がまとまらなかったり、声の調子も弱々しかったりするのですが、このときばかりは強くハッキリした口調で、

「私、手術するから！　薬をたくさん飲んで、脳がおかしくなっている人たちを施設で見ている。私はそうなりたくない！」

と、キッパリ言ったのです。

このとき僕は、そんな母の毅然《きぜん》とした口調にびっくりしながらも、同時に母からの「生きたい！」という強い意志を感じ、感動しました。

おわりに

死を意識したとき、人はこんなにも生きることへの強さが湧き出てくるものなのか。頭ではわかっていたつもりでしたが、実際に母のその姿勢を目の当たりにして、僕は勇気と生きる力を改めてもらうことができたのです。

これこそ、「死を力に」することだ！と感じたので、母に感謝して最後に書き加えさせていただきました。

＊

『死を力に。』を最後までお読みいただき、ありがとうございました。

本書は、多くの方からの多大なるご支援とご協力をいただくことでき上がりました。

家族や親戚や最愛のパートナー、仕事仲間や作家仲間はもちろんのことですが、出版を決めていただきました光文社の森岡純一さん、そして取材に編集に多大なるご協力をいただいた澤田美希さん、取材協力をいただいた、かげした真由子さん、福家友理さん、宮城治男さん、ゼウスさん、瀬川映太さんに心より感謝申し上げます。ありがとうございます！

さらに、デザイナーの松田喬史さん、光文社の営業・宣伝・業務の方々、印刷会社さま、出版取次さま、書店のみなさまなど、ご縁をいただいている友人知人、そのご家族さま、直接ご縁をいただけなくともご協力いただいている数多くの方に感謝申し上げます。

天で見守ってくれている親父に祖父、すべてのご先祖さま、師匠の竹田和平さん、渋沢栄一さんをはじめとして、これまで私がお世話になり学んだすべての方々に感謝申し上げます。

そして、**何より、今こうして、ご縁をいただき、本書をお読みいただいているあなたに、魂レベルで感謝しています！**

先述しました通り、こうしてご縁をいただいたことは、僕の知らないところで、親父や和平さんをはじめ、天から応援してくださっている方々がつなげてくださった大切な奇跡的なご縁だと確信しているからです。

このご縁を大切にしたく、本書の執筆をしているときに直感的アイデアとして湧き上がったのが、読者のみなさんと直接つながる、交流できる場所をつくりたいなということでした。

そこで、**「死を力に」という共通のテーマ、価値観をもった読者の方とのご縁をつないで、幸せに豊かに生きる仲間をお互いに応援し合うコミュニティ**をつくりました。

「山本時嗣＠死を力に。」というタイトルで、どなたでも参加しやすいようＬＩＮＥ公式アカウントを使っています。

254ページに掲載した二次元コードからどなたでも無料で登録できますので、ぜひご参加ください。今回、ご登録いただいた方には、出版記念で「死を力に」をテーマに講演をした動画をプレゼントさせていただきます。

また、LINEを通して、毎月1回のペースで「死を力に」をテーマにした講演会&参加者との交流会を開催していくと決めました。「死を力に」するための方法として、**大切な故人の死を、同じ価値観の方同士で誰かと語り合う場所があると、お互いに励まし合ったり応援し合ったりできて、とてもいいな**とひらめいたからです。

京都での開催になりますが、他の場所でも、お招きいただければ、全国どこでも講演にかけつけます！　主催されたい方はぜひご連絡ください。

僕には夢があるんです。将来、小中高の授業で「死」がテーマとして取り入れられ、子どもの頃から自然に「死を力に」できるようにすることです。

そうなったらすごく嬉しいし、日本の力にもなれるなと、今からすごくワクワクしています。

ご一緒に、「死を力に」することを日本全国、いや、世界中のムーブメントにしていきましょう！

＊

それでは最後に、福の神ＥＢＩＳＵらしく、「祝福の予祝《よしゅく》（前祝い）」で筆をおきたいと思います。

「死を力に」することでみなさまの人生が
ますます福々しく、幸せに豊かになりました！
おめでとうございます!!!

山本時嗣より愛と感謝をこめて

Information

【竹田和平さん生誕 90 周年　生誕祭】

下記の二次元コードより、生誕祭のアーカイブをご覧いただけます。

「山本時嗣が代表を務める株式会社ダーナの You Tube」

【アスカプロジェクト】

「Earth Family」をコンセプトに、世界で平和を創造する活動をしています。

なかでも「ビーコン・オブ・ホープ・プロジェクト」は、ゼウ氏の指示のもと先住民の土地を訪れて祈りの場をつくり、祈りを捧げるプロジェクトです。仲間になりましょう。

「一般社団法人アスカワールドの HP」

【「死を力に。」LINE オープンチャット】

本書読者と著者・山本時嗣との交流の場所として LINE 公式アカウントをご用意しました。

山本時嗣による『死を力に。』出版記念講演動画をプレゼントしています。

無料でどなたでも登録できますのでぜひご参加ください。

「山本時嗣@死を力に。」

ブックデザイン／松田喬史（Isshiki）
カバーイラスト／松田喬史（Isshiki）
編集協力／澤田美希
本文イラスト／浜本ひろし

山本時嗣（やまもと・ときおみ）

ニューワールド作家プロデューサー。竹田和平の一番弟子。LOBRAVE EBISU。株式会社ダーナ 代表取締役。一般社団法人アスカワールド代表理事。1977年、栃木県生まれ。福島大学卒業。「現代の渋沢栄一」を求めて、人生の師となる日本一の個人投資家と呼ばれた竹田和平氏と邂逅し、竹田氏の応援を受けて株式会社ダーナを設立、代表取締役に就任。作家プロデュース10年で累計発行冊数100冊以上、累計発行部数100万部以上を達成。2020年、あたらしい世界をリアルにつくる天命を知り、大阪の能勢で自然農エコビレッジをつくりつつ、出版、スクール、イベントをプロデュースする「ニューワールド作家プロデューサー」に。'22年、世界9か国の土地を訪れて祈りの場をつくり、その土地の先住民の方たちと共に祈るプロジェクトを支援する一般社団法人アスカワールド代表理事に就任。同年12月、愛と勇気のヒーロー型音楽ユニット「LOBRAVE」にEBISUとして参画。著書に、『日本一幸せな大富豪 竹田和平さんが命をかけて教えた 魂に火をつける5つの物語』『まんが超訳「論語と算盤」』（いずれも光文社）がある。

Facebook（フォロー大歓迎です）
https://www.facebook.com/tokiomiyamamoto/

一般社団法人アスカワールドHP
https://www.askaproject.com/

死《し》を力《ちから》に。

2023年7月30日　初版第1刷発行

著　者　山本時嗣《やまもとときおみ》
発行者　三宅貴久
発行所　株式会社 光文社
〒112-8011　東京都文京区音羽1-16-6
電話　編集部 03-5395-8147　書籍販売部 03-5395-8112　業務部 03-5395-8125
メール　kikaku@kobunsha.com
落丁本・乱丁本は業務部へご連絡くだされば、お取り替えいたします。
印刷所　萩原印刷
組　版　萩原印刷
製本所　ナショナル製本

ISBN 978-4-334-95389-8